전쟁범죄란 무엇인가

SENSOHANZAI TOHA NANIKA
by Hisakazu Fujita

First published 1995 by Iwanami Shoten, Publishers, Tokyo.
This Korean edition published 2017 by Sanzini, Busan
by arrangement with the proprietor c/o Iwanami Shoten, Publishers, Tokyo

전쟁범죄란 무엇인가

후지타 히사카즈(藤田久一) 지음
박배근 옮김

산지니

머리말

전쟁을 없애는 것은 인류의 오래된 비원이다. 안타깝지만 지금도 그렇다. 사람들이 무기를 사용하여 다투는 일은 문명이 발생한 이래로 끊임없이 이어져 왔다. 그리고 전쟁이 일어나면 거의 언제나 잔혹행위가 저질러져 많은 사람들이 그 희생자가 되어 왔다. 그런 잔혹행위는 오늘날 위법한 것으로 간주되어 '전쟁범죄'로 불리고 있다.

잔혹행위나 전쟁범죄라는 말에서 금방 떠오르는 것은 제2차 세계대전 때 독일이 저지른 유태인 학대와 일본이 저지른 포로 학대 등이며, 그것에 책임이 있는 주요 전쟁범죄인이 전후 뉘른베르크 재판이나 도쿄 재판에서 처벌받은 일이다. 또 최근 구 유고분쟁에서 발생한 민족정화(ethnic cleansing)나 집단강간 등의 잔혹행위를 재판하기 위하여 국제형사법원이 설치된 일도 기억에 새롭다. 나아가 일본에서는 위안부 문제 등 제2차 세계대전 당시의 행위에 근거한 '전후보상' 문제가 아직 해결되지 않은 채로 남아 있다.

이러한 예는 전쟁의 긴 역사 중에서 상당히 최근 것들이다. 전쟁에 수반되는 잔혹행위는 과거부터 저질러져 왔다고 하더라도, 그것을 의식적으로 전쟁범죄로 처벌하려고 하는 생각은 역사가 그다지 오래되지 않았다. 전쟁범죄 문제는 '전쟁을 어떻게 이해할 것인가'라고 하는 전쟁관의 문제와 깊이 관련되어 있다. 전쟁관의 전개와 함께 전쟁범죄관도 전개되어 왔다고 말할 수 있다.

제1차 세계대전 전의 국제사회에서는, 국가가 행하는 국제전쟁은 일반적으로 합법적인 것으로 간주되고 있었다. 이것을 무차별전쟁관이라고 부른다. 당시 전쟁범죄는 실제로는 포로 학대 등의 경우에 한정되어, 교전국이 전쟁 중에 자국 군사법원에서 처벌하도록 맡겨졌다. 그러나 두 번에 걸친 세계대전을 계기로 전쟁 자체가 위법화되자 전쟁범죄는 위법한 전쟁으로 나아간 일이나 무고한 문민과 일반 주민에 대한 침해 행위도 포함하게 되었으며, 또 국제사회에서 이를 국제범죄로 재판하는 제도가 시도되었다. 이리하여 새로운 전쟁범죄관이 등장한다. 전후의 식민지 해방전쟁을 거쳐 오늘날 냉전기 이후 지역 분쟁에서는 더욱 새로운 형태로 전쟁범죄 문제가 제기되고 있다. 이 책은 이러한 전쟁관 변천과 그에 포함된 문제를, 국제사회를 규율하는 규칙인 국제법의 관점을 섞어서 검토하고자 하는 것이다.

전쟁범죄 문제는 이 책에서 말하는 바와 같이 법적으로는 아직 해결되지 않은 많은 문제들을 포함하고 있다. 그러나 이 주제는 현대를 살아가는 우리가 과거의 전쟁이나 잔혹행위와 어떻게 대면할 것인가에 관하여 반성을 촉구함과 더불어 앞으로도 국제사회에서 일어날 수 있는 전쟁이나 무력분쟁 해결을 위한 방책을 모색하기 위해서도, 극히 현대적인 과제라고 말할 수 있을 것이다.

차례

일러두기

- 각주는 모두 역자 주이다.
- 괄호 안의 구미어 표기는 역자가 덧붙인 것이다. 원문의 구미어 표기는 원문에 괄호 없이 표기된 것들이다.
- 외국 인명이나 지명과 같은 고유명사는 우리말로 표기하고 괄호 속에 구미어 또는 한자 표기를 넣었다. 그러나 '그로티우스', '비토리아'와 같이 널리 알려진 고유명사의 경우는 우리말로만 표기하는 데 그쳤다.
- '법원'은 원문에 '재판소(裁判所)'로 표기되어 있다. 국가의 사법기관을 일본에서는 '재판소'로 부르지만, 한국은 일반적으로 '법원'으로 부르므로, 일반명사인 경우 원문의 '재판소'는 모두 '법원'으로 번역하였다. 단 1998년에 체결된 '국제형사재판소에 관한 로마규정'에 따라 2002년에 설립된 '국제형사재판소'와 같이 고유명사로서 한국의 공식적인 조약 번역 등에 '재판소'로 되어 있는 기관 이름에는 당연히 '재판소'를 그대로 두었다.

I

전쟁법의 성립과 전개

‘전쟁범죄’라고 하는 관념은 ‘전쟁’이나 전쟁 행위의 법적인 위치를 정하는 것과 그것을 ‘범죄’화하는 의식적 행동을 전제로 하여 성립하는 것이다. 다시 말해 전쟁이 위법하다는 것, 또는 전쟁에 규칙이 존재하고 그 규칙을 위반한다는 것을 전제로 하고 있다. 그런 의미에서 전쟁범죄는 주로 제1차 세계대전 이후에 전개된 현대 세계의 소산이다. 그러나 특정 세계관이나 가치관하에서 전쟁이 부정(不正)한 것으로 되거나, 또는 전쟁 책임자나 병사가 처벌되며, 혹은 전쟁에서 잡힌 사람이 처벌된다고 하는 의미의 전쟁범죄 관념은 오래전부터 존재하고 있었다. 전쟁과 전쟁범죄를 둘러싼 문제는 주어진 시대와 사회를 배경으로 가지고 있는 인간사회가 만들어 낸 역사적 현상인 것이다. 그러나 현대로 이어지는 전쟁범죄라는 사고방식은 유럽을 발상지로 한다. 그래서 근대 유럽 국제사회에서의 전쟁관과 그 아래에서 전쟁법이나 전쟁범죄 문제가 전개된 것으로부터 이야기를 시작하고자 한다. 이를 위하여 우선 근대 이전의 중세 정전론(正戰論)에 관하여 약간 설명해 두고자 한다.

1. 정전론으로부터 무차별전쟁관으로

정전론하에서의 전쟁의 위치

중세 유럽에서는 봉건영주이기도 하였던 가톨릭교회 아래에서 많은 신학자가 정전론의 입장에서 전쟁의 위치를 정하는 시도를 하고 있었다. 그중에서도 대표적인 것은 13세기의 토마스 아퀴나스의 『신학 대전』이다. 이 책은 전쟁의 세 가지 정당원인을 제시하였다. 군주만이 전쟁 선언 자격을 가진다는 것, 전쟁원인이 정당하여야 한다는 것, 전쟁은 올바른 의도로써 수행하여야 한다는 것 등이다. 그 결과, 다음과 같이 말한다.

> 적에게 속하는 것을 빼앗는 행위는 허용되는가? 허용된다. 왜냐하면, 정당전쟁에서 적은 죄인이기 때문이다. 그 경우에 전리품은 약탈이 아니라 처벌이다.

이와 같은 정전론에서는 정당원인을 가진 군주 측은 죄가 있는 적에 대하여 모든 것이 허용된다고 생각되었다. 토마스의 정전론은 로마 교황의 지지를 받아 현실 전쟁에서도 적용되었다고 일컬어진다.

근세 유럽은 1492년의 '신세계' 발견 이래, 정복과 식민 문제에 직면하였다. 스페인 법학자와 신학자, 그중에서도 비토리아와 라스 카사스는 신세계에 대한 스페인 식민 활동을 비판적으로 검토하였다. 비토리아는 아메리카 선주민인 인디오를 상대로 스페인이 벌이는 전쟁의 정당원인에 관하여 체계적으로 검토하고 합법적 식민 활동의 근거를 부여하였다고 인정되고 있다. 그의 정전론은 토마스의 영향 아래 있었지만, 무고한 사람을 죽이거나 노예로 만드는 것, 노예와 투항자를 죽이는 것 등을 부정하였다. 또 라스 카사스는 이 정복전쟁을 부정한 것으로 보아 기독교도인 스페인 사람이 인디오에게 저지른 잔혹행위를 폭로하였다.

그로티우스의 '완화' 사상

유럽의 30년 전쟁 중에 쓴 그로티우스의 『전쟁과 평화의 법』(1625년)은 이 전쟁에서 야만인도 부끄러워할 전쟁에 대한 억제 결여가 보인다고 하면서, 전쟁에서 잔혹행위를 완화(Temperamenta)할 것을 설하였다. 그리고 그는 여전히 정전론에 의거하면서도 자기 쪽에 부정이 있을지도 모른다고 하는 '극복할 수 없는 무지'의 경우에는 교전자 쌍방 모두가 정당한 것으로 간주되어야 한다고 하였다. 이는 현실에 대한 정전론 적용의 한계를 제시한 것이었다.

이 '극복할 수 없는 무지'를 매개로 하는 전쟁에서의 '완화' 이론은 다음에 보는 근대 국가 간 전쟁의 성격과 거기에 적용되어야 할 전쟁법의 내용을 예견하고 있었다.

모든 전쟁은 합법인가

1648년 웨스트팔리아 강화를 계기로 하는 유럽 국가계 성립은 중세 로마 교황이나 신성로마제국에 의한 유럽 통일을 붕괴시켜 근세 국가 병존관계를 만들어 내었다. 이는 이들 근대 주권국가 관계를 규율하는 국제법을 낳는 토양이 되었다. 그 국제법 아래에서는 주권자가 행하는 전쟁의 정·부정을 판정할 상위자가 없으므로, 주권자가 행하는 모든 전쟁은 국제법상 합법으로 인정할 수밖에 없다고 하는 무차별전쟁관이 등장하였다. 17~18세기 절대왕정이 지배하였던 유럽에서는 프랑스 등 절대주의 국가가 영토와 인민을 획득하기 위한 정복전쟁을 하고 있었다. 이것을 위법하다고 제지할 상위 권력은 더 이상 존재하지 않았던 것이다. 그러나 18세기 후반 미국 독립 전쟁과 프랑스 혁명은 신흥계급인 시민(부르주아지)의 절대왕정에 대한 승리를 가져옴과 더불어 전쟁관도 바꾸었다. 그 바뀐 전쟁관의 실천을 통하여 새로운 전쟁 규칙이 형성되게 된다.

2. 포로 보호 사상
—프랑스 혁명과 미국 남북전쟁

프랑스 혁명의 전쟁관

프랑스 혁명 과정에서 1792년 4월에 나온 '전쟁에 관한 선언'은 혁명 헌법의 여러 원칙에 충실하여, 정복전쟁을 부정하고, 인민의 자유에 대하여 무력을 사용하지 않으며, 자기의 자유와 독립의 방위를 위한 경우에만 무기를 들 것을 선언하였다. 이러한 정복전쟁 부정은 새로운 전쟁관을 제시하는 것으로서 시대를 앞서 나가는 것이었다. 또 1792년 5월 4~5일에 입법의회가 내어놓은 '포로의 대우에 관한 선언'은 포로가 특별한 보호하에 있다는 것을 선언하였다. 그 전문에서는 1789년의 인권선언과 결부시켜, 포로의 자유에 대한 제한은 포로가 다시 무기를 드는 것을 방해하는 수단으로서만 합법이라고 하는 원칙을 확립하였다. 이와 같이 국민주권에 기초를 둔 새로운 전쟁관 아래에서 새로운 전쟁법 원칙이 제시되었다.

우선 프랑스 혁명에 반발하였던 유럽 왕정국가연합군은 프랑스에 대하여 반혁명 간섭을 기도하여 프랑스 의회를 반도(叛徒)로 간주하였다. 의회에 대한 처벌권을 가진 프랑스 국왕을 대신하여 왕정국가연합군이 처벌권을 행사하고 있는 것이라고 주장하였다. 이는 프랑스 내전에 대한 국왕의 요청에 의한 간섭 전쟁이라고 보는 것이다. 이에 대하여 프랑스 혁명의회는 이를 고유의 전쟁, 국가 간의 국제전쟁으로 간주하였다. 나아가 프랑스군은 붙잡힌 적병을 처분할 권리를 주장하지 않고 포로로 대우하였다. 위 선언은 "포로에게 범한 모든 잔혹행위, 폭력 또는 모욕은 프랑스 시민에게 범한 것과 마찬가지로 처벌되어야 한다"고 말하고 있다. 포로를 비인도적으로 대우한 죄를 저지른 사람은 그 행위 때문에 처벌되어야 한다는 원칙은 이 선언 속에서 처음으로 등장하였다고 말할 수 있다. 이러한 사실로부터도 알 수 있는 것처럼 여기에 국제전쟁과 내전이 구별되고, 전쟁은 국가 간 관계로서 개인 간 관계는 아니라고 하는 사고방식이 수용되었다. 이는 루소가 『사회계약론』(1762년)에서 말하고 있었던 것이다. 거꾸로 내전이라고도 할 수 있는 프랑스 국내 반혁명 세력에 대한 탄압은 극히 치열하여 게릴라식으로 반항하는 왕당파 주민에게 대규모 잔혹행위가 행하여졌다(방데 전쟁, Guerre de Vendée).

전쟁 방법의 변화
-국민군의 형성

이 새로운 전쟁관은 전쟁 방법 변화에도 반영되었다. 그때까지 절대왕정의 정복전쟁에서는 보수를 받으려고 일하는 이른바 용병이 사용되고 있었다. 당시 프랑스 용병이 용감하다고 하여 좋은 평판을 얻고 있었다. 이에 비하여 프랑스 혁명전쟁은 국민병이 싸웠다. "조국은 위기를 맞고 있다"고 하는 의회 호소에 응답하여, 나중에 프랑스 국가가 된 '라 마르세예즈' 가사처럼 자발적 지원자와 징병된 사람으로 구성된 국민병은 통일된 제복을 착용하고 군 규율에 복종하는 근대적 국민군 조직의 선구가 되었다.

이는 해전에서의 사략선(私掠船) 금지에도 나타나 있다. 사략선이란 사선(私船)이 무장하고 해전에 가담하여 적선을 공격하고 약탈 등을 하는 것으로, 당시에는 그런 일이 흔히 있었다. 1792년 5월 3일의 '사략선 억압에 관한 선언(안)' 전문(前文)에서는, 전쟁은 여러 인민의 주권의 가장 중요한 행위이므로 사인에 의하여서가 아니라 국민 자신에 의하여서만, 그리고 국민을 위해서만 합법적으로 행할 수 있는 것이라고 하여 "사선 또는 사략선에 의하여 전쟁을 수행하는 관습을 금지하고 포기하는 것은 모든 유럽 문명국의 이익이다"라고 선언하였다(단, 이 선언은 입법의회에서 사략무장의 억압과 통상을 위한 자유로운 항행을 확보하기 위하여 외국과 교섭하도록 집행부에게 촉구하는 한 개 조문(제6조)만이 채택되는 데 그쳤다). 이들 사례로부터 알 수 있는 바와 같이 국제전쟁은 육전에서는 정규 국민군에 의하여, 해전에서는 군함에 의하여, 다시 말해 국가 기관이 수행해야만 하는 것으로 되었다.

중립법의 형성

프랑스 혁명에 이어서 일어났던 나폴레옹 전쟁을 수습하였던 비엔나 회의에서 신성동맹이 결성되었다. 주요한 왕정 국가들의 '유럽 협조' 아래에서 19세기 전반은 대체로 평온하였다. 영국에서 시작된 산업혁명을 거쳐 교통·통신 수단이 발달하고 여러 국가 간 통상관계가 활발해지자, 전쟁에 의하여 중립 통상이 방해받는 것을 최소화하려는 시도가 이루어졌다. 1856년의 '해상법의 요의(要意)에 관한 선언'[1](파리 선언)은 사략선을 금지함과 더불어 중립선박에 탑재된 적국 화물은 전시금제품을 제외하고 포획할 수는 없다고 하는 중립선(中立船) 중립화(中立貨) 원칙, 그리고 적선에 탑재된 중립화물은 전시금제품을 제외하고 포획할 수 없다는 원칙을 정하여 전시 중립선과 중립화물 보호를 시도하였다. 이러한 중립제도는 무차별전쟁관을 배경으로 하여 형성된 것이었다. 중립규칙은 중립상업 발달을 배경으로 하고 있지만, 교전국이 두 국가 내지는 수개국에 불과하며 대다수 국가들이 중립국으로 남아 있는 것과 같은 전쟁에 적용될 것을 일반적으로 상정하고 있었다.

1) 1856년 4월 16일의 선언. 프랑스어로는 'Déclaration réglant divers points de droit maritime'이다.

미국 남북전쟁과 리버법

한편, 육상의 전쟁행위는 대서양 건너편의 미국 남북전쟁에서 규제가 시도되었다. 링컨 대통령의 요청으로 프란시스 리버[2)]가 작성한 1863년 '육전훈령'[3)]('리버법'[4)]으로 불렸다)은 조문이 157개나 되며, 비록 내전이라고는 하더라도 '육전의 법규관례로 불리는 자연법과 국제법'을 당시 정부군(북부연방동맹군)과 반도군(남부연합군) 간 전투에 적용하는 것을 지향하였다. 리버법 중에서도 곤란한 문제로 생각되었던 것은 정규 국민군 병사가 아닌 파르티잔(게릴라 병에 상당함)의 대우에 관한 규정이다. "파르티잔은 무장하고 그들 군대의 제복을 착용하는 병사이지만, 적 점령 지역에 침입하기 위하여 주요 부대로부터 떨어져서 행동하는 부대에 속하는" 사람으로, 그들은 잡히면 포로의 모든 특권을 누릴 자격을 가지는 것으로 되어 있었다(제81조). 그러나 위임도 받지 않고, 조직적인 적군에 속하지도 않으며, 또 전투에 계속적으로 참가하는 것도 아니면서 각종 방법으로 적대행위를 행하는 자는 "공식적인 적[5)]이 아니므로 잡히면 포로의 특권을 가지지 않으며, 공공 도로에서의 강도 또는 해적으로 즉

---

2) Francis Lieber. 1790년 말 또는 1800년 초에 독일에서 태어나 미국으로 이주한 법률가, 정치사상가로 콜롬비아대 교수를 지냈다. 독일 이름은 'Franz Lieber'이다.

3) Code for the Government of Armies of the United States in the Field.

4) Lieber Code.

5) 원문은 public enemy.

결처분되어야 한다"고도 규정되어 있다(제82조). 즉 당시의 무차별전쟁관하에서 국가 내지는 전쟁을 수행하는 군주 혹은 지도자는 전쟁 책임을 지지 않으며, 정규군 구성원 또는 그에 상당하는 파르티잔은 적에게 잡히면 포로로 대우받고 전쟁범죄인이 되지는 않지만, 정규군에 속하지 않는 개인이 전투에 가담하면 도적과 마찬가지가 되어, 체포한 측이 처벌한다. 이 문제는 이후 국제사회의 전쟁법 규칙 작성과정에서 부정규병(不正規兵)의 교전자 자격 또는 포로 자격 유무 문제로 거듭 논의되었다.

남북전쟁의 전쟁범죄 재판

리버법 제56조는 "포로는 공식적인 적이므로 처벌받지 않으며, 또 고통 또는 치욕을 의도적으로 과함으로써, 잔혹한 처벌과 식량부족으로써, 신체 절단, 죽음 또는 다른 야만행위로써, 포로에 대하여 어떤 복수도 해서는 안 된다"고 규정하고, 포로 학대 책임을 다음과 같이 정하였다.

> 포로는 그를 체포한 (국가의) 군대 또는 인민에 대하여 저지른 범죄에 대하여, 그리고 그가 체포되기 전에 저지른 범죄로 그 자신의 당국에 의하여 처벌되지 않은 범죄에 대하여 책임을 진다. (제59조)
>
> 이미 완전히 무력화된 적에게 의도적으로 추가적인 상해를 가

하거나, 또는 병사에게 그렇게 하도록 명령하거나 장려하는 모든 사람은, 그가 합중국 군대에 속하는지 또는 범행을 저지른 뒤에 체포된 적인지를 불문하고 정식으로 유죄를 선고받으면 사형되어야 한다. (제71조)

남북전쟁이 종결되었을 때, 적어도 세 개의 주요한 재판이 이루어졌다. 피고인의 기소 이유는 포로 대우이다.

헨리 빌츠(Henry Wilz) 전 남부연합군 대위: 조지아 주 앤더슨빌(Andersonville) 포로수용소에서 그의 관리하에 있었던 포로의 잔혹한 대우와 불법적인 살해 때문에 1865년 가을에 연방군사위원회의 재판을 받았다. 사형 판결을 선고받고 교수형에 처해졌다(빌츠의 항변에 관해서는 제5장 제3절 참조).

제임스 W. 던컨(James W. Duncan): 헨리 빌츠의 부하 중 한 사람. 1866년 동일한 범죄로 재판에 부쳐져 15년 징역형을 받았다.

존 H. 지(John H. Gee): 전 남부연합군 소령. 노스 캐롤라이나 주 살리스베리(Salisbury)에서 자신의 관리하에 있던 연방군 포로를 적절하게 배려하지 않아 몇 명을 사망시켰기 때문에 1866년에 재판에 부쳐졌으나 무죄로 방면되었다.

어떤 장교라 하더라도 포로를 사망시키거나 불법적인 대우에 해당하는 과도하게 잔혹한 대우를 하거나 그런 행위에 가담하면 전쟁법의 중대한 위반을 이유로 유죄가 되며, 형사적으로 책임을 지도록 만들었던 것이다.

3. 붙잡힌 나폴레옹의 처우
—세인트헬레나 유폐의 이유

나폴레옹의 정복전쟁

당시의 전쟁관 또는 전쟁범죄관의 특징을 보여 주는 일화를 여기서 말하고자 한다. 프랑스는 대혁명 당초 외국 간섭군의 침입 때문에 위기를 맞았지만 자유와 독립을 위하여 싸우는 국민군이 점차 형세를 만회하였다. 그러나 나폴레옹 보나파르트가 등장하면서 이번에는 외국에 대한 무력간섭을 위한 전쟁으로 나아갔다. 나폴레옹은 니스에 침입하고 몰타를 약탈하는 등 유럽 여러 지역을 침공하였을 뿐만 아니라 급기야는 이집트까지 원정하였다. 이집트 원정은 주권자 술탄에 대한 적대 행동은 아니고, 터키의 반도(叛徒)인 맘루크(Mamluk)의 통치를 그만두게 하기 위한 것이며, 따라서 적(敵)은 독립국이 아니므로 이것은 국제전쟁은 아니라고 우겼던 것이다. 이런 정복 전쟁에서는 혁명의회가 선언하였던 새로운 전쟁법의 여러 원칙도 짓밟혔다. 나폴레옹 군의 침입을 받은 스페인 산악지대에서 농민이 가래와 괭이 등으로 침입군에 맞섰다. 여기서부터 '게릴라(작은 전쟁)'라고 하는 용어가 생겨났으며 이것이 게릴라 전법의 시작이라고 일컬어지고 있다. 그러나 스페인 국민군이 아닌 이들 농민들은 포로 대우를 받는 것도 기대할 수 없었다.

나폴레옹의 지배는 길게 계속되지 않았으며, 나폴레옹은 얼마 지나지 않아 영국 등 왕당국가 연합국에 패배하여 마침내 엘바 섬에 유배되었다. 나폴레옹 전쟁을 수습하기 위하여 1815년에 오스트리아, 프랑스, 영국, 포르투갈, 프러시아, 러시아, 스페인, 스웨덴 사이에서 비엔나 회의가 소집되었다. 3월 13일에 채택되어 이들 국가들이 서명한 선언에는 다음과 같은 말이 있다.

> 엘바 섬에 그를 정주시킨 조약을 이와 같이 위반함으로써 보나파르트는 그의 존재가 의거하는 유일한 법적 자격을 파괴하였다. … 국가들은 나폴레옹 보나파르트를 시민적·사회적 관계 밖에 두며, 또한 세계 안녕의 적으로서 그리고 교란자로서 공적 제재vindicte publique에 처하여야 한다.

이 선언은 나폴레옹이 엘바 섬으로부터 탈출한 후, 같은 해 5월 12일에 바바리아, 덴마크, 하노버, 네덜란드, 사르디니아, 두 개의 시실리, 그리고 부르텐부르크의 동의를 얻어 위에서 말한 여러 나라에 의하여 확인되었다.

나폴레옹은 포로인가 전쟁범죄인인가

1815년 7월 9일 워털루전투 뒤에 나폴레옹은 프랑스 잠정 정부로부터 24시간 이내에 프랑스를 떠나도록 명령을 받았다. 7

월 15일에 도망가는 것이 불가능하다고 생각하여 그는 자발적으로 영국 선박 벨레로폰호에 승선하였다. 거기서 그는 포로로 억류되었다. 그리고 8월 2일 영국, 오스트리아, 프러시아, 러시아 간 조약은 나폴레옹이 같은 해 3월 25일의 연합서명국(16개국을 포함함) 포로로 간주된다는 것을 선언하였으며, 그의 신체 구속 관리는 영국 정부에게 맡겨졌다. 전 황제 나폴레옹의 처우에 관해서는 당시 몇 가지 제안이 이루어졌다. 우선 위 비엔나 회의 선언을 원용하여 나폴레옹을 즉시 처형해야 한다고 하는 제안이 프러시아의 폰 뮈플링(Friedrich Karl Ferdinand Freiherr von Müffling) 남작으로부터 나왔다. 그러나 영국의 웰링턴(Arthur Wellesley Wellington) 공작은 이러한 해석에 이의를 제기하여 'vindicte publique'의 영어 번역은 '공적인 복수public vengeance'가 아니라 '공적인 정의public justice'라고 주장하였다. 그리고 설령 그 의미가 공적인 복수라고 하더라도, 이 선언은 보나파르트를 살인자의 단검에 넘겨주는 것은 아니라고 하여, 이 선언으로부터 나폴레옹의 처형을 명하는 어떤 권리도 이끌어 낼 수 없다고 하였다. 그 뒤 프러시아도 자신의 제안을 거두어들였다. 한편 영국 수상 리버풀(Liverpool) 경은 나폴레옹을 체포하면 프랑스 포로로서 프랑스 정부에게 인도할 권리를 가진다고 하고, 프랑스 왕이 그를 반도로 간주하여 반도에게 마땅한 대우를 할 명백한 권리를 가진다고 생각하였다. 그러나 이 제안은 프랑스가 거부하였다. 당시 파리에 머물고 있던 캐슬레이(Castlereagh) 경은 리버풀 경에게 다음과 같은 서한을 보냈다.

내 생각에는, 아마도 프랑스 왕조 정부는 보나파르트를 배신자로 재판에 회부하고 처형하는 책임을 스스로 지기에 충분한 권위를 가지고 있지 않다. 그것이 사실이라면, 그리고 그가 우리들 수중에 들어온다면, 그를 포로로 감금하는 외에 다른 방법은 없다. … 그를 프랑스에 머물게 해서는 안 되며, 유럽 어딘가의 접근하기 쉬운 장소보다 바다를 넘어가는 쪽이 좋다는 것은 명백하다. 그러나 만약 우리가 그를 인수한다면 프랑스를 포함한 주요 국가의 포로로 인수하는 것이 되어야 하고, 각국이 그를 공동 감시하기 위한 대표자를 지명하는 것이 바람직하다.

나폴레옹을 재판에 회부하는 책임을 질 수 없다고 하는 프랑스의 결정을 접수한 리버풀 경은 7월 28일에 그를 세인트 헬레나로 보내는 결정을 보고하고 연합국가 간 조약의 서명을 요구하였다. 이 결정은 7월 31일에 플리머스에 있는 나폴레옹에게 전달되었다. 그는 정식으로 항의하였지만 영국 정부는 정책 변경을 거부하였다. 8월 2일, 파리에서 연합국 간 조약이 서명되었으며, 6일 프랑스는 이에 협력하라는 요청을 받아들였다.

섬 유배의 정당화에 부심함

10월 17일, 나폴레옹은 영국 선박 노섬벌랜드호로 세인트 헬레나에 호송되었다. 1816년 4월 11일에 영국 의회는 나폴레옹을 전쟁포로로 대우하기 위하여 그를 영국 국왕의 자치령 내에 구류하는 것을 정부에게 허가하는 법률을 채택하였다. 당시 수상이었던 캐슬레이 경은 전쟁 종료 후 그를 포로로 억류하는 정부 권한에 관하여 (그 자신은 그러한 의문을 가지지 않지만) 의문이 제기될 수 있으므로 이 법안이 제출되었다는 취지의 설명을 하였다. 그는 덧붙여서 다음과 같이 말하고 있다.

> 주권적인 군주로서 그가 조약을 위반한 결과, 그리고 조약 준수를 위한 보증을 부여할 수 없다는 사실의 결과, 우리들은 그를 억류하는 것을 인정받았다. 그러나 우리는 우리들의 행동을 정당화하기 위한 추가적인 근거를 가지고 있었다. 즉, 그는 포로이며 코르시카 출생으로서 프랑스 신민이고, 프랑스 권력은 그의 복위를 거부한 것이다. … 그리하여 주권적 군주로 간주되는가 아니면 포로로 간주되는가를 불문하고, 그를 구류하는 것은 국제법에 따라 기술적인 의미에서 정당화된다. 또 그러한 구류는 공적 안녕과 일반적인 평화를 위한 타당한 고려에 의하여 긴급하게 요청되었다.

나폴레옹의 처우를 둘러싼 에피소드에서도, 연합국 특히 나폴레옹의 신체를 장악하고 있었던 영국이 그의 대우와 세인트헬레나 섬에 유배시킨 것을 정당화하는 데 부심하였던 모습을 볼 수 있다. 나폴레옹의 침입이나 원정행위 자체 혹은 나폴레옹 군이 침입지에서 저지른 만행에 관하여 그에게 책임을 묻는다고 하는 사고방식은 없었던 것이다. 원래 외국 침입이나 정복을 금지하는 국제적 규칙은 존재하지 않았고, 군대의 행동을 규율하는 확실한 규칙도 아직은 없었다. 위에서 본 프랑스 혁명의회의 포로대우에 관한 선언은 (프랑스군을 구속하였다고 하더라도) 이러한 국내법을 갖고 있지 않은 다른 왕정 국가들에게는 적용되는 것이 아니었다. 그를 처형하자고 하는 프러시아의 제안이 받아들여지지 않았던 이유도 여기에 있다.

영국이 나폴레옹의 구금을 정당화하기 위하여 찾아낸 유일한 이유는 그가 엘바 섬으로부터 탈출함으로써 조약을 위반하였다고 하는 것이었다. 그러나 이 이유조차도 그를 '포로'로 구류하는 것을 정당화하는지의 여부는 의문이었다. 그렇기 때문에 국내법 제정이 요망되었던 것이다. 아무튼 당시 전쟁은 어떤 것이건 그 자체가 위법하다고는 생각되지 않았고, 또 전쟁 규칙도 위에서 본 선언과 같은 국내 규칙을 제외하고는 유럽에서 일반적으로 타당한 것은 존재하지 않았다. 이러한 사실로부터도 패전국의 최고 책임자를 전쟁범죄인으로 처벌하기 위한 정당한 이유는 찾아내기 어렵고, 설령 그 사람을 체포하더라도 그를 어떻게 처우할 것인가에 관해 정해진 규칙 역시 없었던 것이다.

4. 전쟁행위 규제의 시작

전장에서의 부상병 보호 –적십자조약

남북전쟁과 같은 시기의 유럽에서도 '문명' 국가 간 전쟁이 계속되었지만 그것은 주로 정규군 병사가 전장에서 전투하는 전쟁으로, 전장에서 쓰러진 채 방치되는 병사 보호에 관심의 눈길이 주어졌다. 1853~1865년의 크리미아전쟁이 한창일 때 전장에서 쓰러진 부상병들을 적과 아군을 가리지 않고 돌아다니며 간병하였던 나이팅게일 이야기는 국내에서도 유명하다. 또 앙리 뒤낭의 『솔페리노의 회상』(1862년)은 이탈리아 통일전쟁에서 부상당했던 병사가 전장에서 죽어가는 비참한 광경을 묘사하여 그들을 구원하는 조직을 만들기 위한 기초로서 도움이 되는 국제적 원칙 확립을 제안하였다. 이 제안에 입각하여 제네바에서 적십자 조직이 만들어진다. 1864년 스위스 정부가 초청한 외교회의에서 '전지(戰地) 군대에서의 부상자 상태 개선에 관한 제네바협약'[6](제1차 적십자협약)이 채택되었다. 전장의 부상병을 보호하는 이 최초의 국제조약은 단 10개 조문으로 되어 있지만, "상병 전투원은 국적 여하를 불문하고 수용하고 간호하여야 한다"(제6조)고 규정하였다.

---

6) Geneva Convention for the Amelioration of the Condition of the Wounded in Armies in the Field

1878년에 프로이센-프랑스 전쟁이 일어난 것과 적십자 활동에 의하여 이 조약에 가입하는 국가가 증가하였다. 유럽 이외에도 1865년에 터키, 1882년에 미국, 그리고 1886년(메이지 19년)에는 일본도 이 조약에 가입하였다. 덧붙여서 말하자면, 이미 메이지유신 시기에는 이 조약과 적십자 이야기가 전해져 있었으며, 에노모토 다케아키(榎本武揚)가 이끄는 구 바쿠후 신하(幕臣) 측(반란군)이 농성하였던 고료카구(五稜郭) 전투에서 구 바쿠후 신하 측 시설인 하코다테(箱館)병원에서는 적과 아군을 구별하지 않고 부상자를 치료하고 있었다고 일컬어진다.

적십자협약은 그 후 여러 차례 개정되었다. 이와 같이 육전법규를 국제문서화하는 일은 먼저 전장에서의 부상병 구원으로부터 시작된 것이다.

무기 사용의 규제와 금지

전쟁법규는 전쟁 방법, 그중에서도 무기의 사용 규제를 시도하여 왔다. 이미 예로부터, 예컨대 독창 등 독을 가한 무기나 우물과 샘에 독극물을 넣는 것은 위법한 수단으로 간주되고 있었지만, 근대 무기에 관해서는 1868년의 상트페테르부르그 선언이 처음이다.

이 선언은 중량 400그램 미만의 폭발성 또는 연소성 발사물 사용을 체약국이 상호 포기하는 것을 약속하였다. 그 근거는 다음과 같이 설명되었다. "전쟁 중에 국가가 달성하기 위하여 노력해야 하는 유일하고 정당한 목적은 적 군사력을 약화시키는 일이며, 그러기 위해서는 가능한 한 다수 병사를 전투에서 배제시키면 충분하고, 이미 전투에서 배제된 사람의 고통을 무익하게 증대시키거나 또는 그 죽음을 불가피하게 만드는 무기 사용은 이 목적의 범위를 넘어서는 것이므로, 그러한 무기 사용은 인도 법칙에 반한다."(선언 전문)

같은 이유로 1899년에 헤이그 평화회의는 "질식성 가스 또는 유독성 가스 살포를 유일한 목적으로 하는 발사물"이나 "외포가 경고한 탄환으로서 그 외포 중심 전부를 감싸지 않거나 그 외포에 자국을 새겨 두는 것과 같이, 인체에 들어가서 쉽게 파열되거나 납작하게 되는 탄환"(이른바 덤덤탄) 사용을 금지하는 선언을 채택하였다. 덤덤탄은 원래 맹수 사냥을 위해 사용되고 있었던 총탄을 대인무기용으로 개량한 것이다. 1890년대에 인도의 영국 식민지 당국이 산악 부족과의 전투에서 작열성 탄환이 그다지 효과가 없었기 때문에 캘커타 근교 덤덤의 무기고에서 폭발성이 아니라 체내에 들어가면 정지하는 유연한 금속으로 끝이 되어 있는 탄환을 만들었다. 그래서 이런 이름이 붙여진 것이다. 이 총알은 인체에 맞으면 터져서 속의 납 알갱이가 튀어나오는데 이는 불필요하게 커다란 고통을 준다고 생각되었다.

그 뒤 현대 과학과 기술 발달로 무기 개량과 신무기 개발이 이어져서, 한편으로는 살상력이 커지고 다른 한편으로는 불필요한 고통을 주는 것으로 보이는 비인도적 무기가 증가되어 왔다. 그러나 국제조약에서 사용 금지가 직접적으로 규정된 것은 오늘날까지 화학무기(독가스)와 세균무기(생물무기) 등에 한정되어 있으며, 다른 많은 재래식 무기는 특정한 조건에서의 사용이 규제되고 있을 뿐이다.

육전법 및 관습에 관한 규칙

위에서 본 부상병 보호와 무기 사용 규제 같은 각각의 개별적 문제에 한정되지 않고 전쟁법 일반의 법전화라고도 할 수 있는 조약도 앞에서 말한 평화회의에서 채택되었다. 1899년과 1907년의 '육전의 법 및 관습에 관한 협약'('헤이그 육전협약'이라고 함) 부속 규칙이 그것이다(이하, '헤이그 육전규칙'이라고 함).

헤이그 육전규칙 중에는 '교전자의 자격(앞에서 보았던 남북전쟁 시 파르티잔의 지위와 관계되는 규정으로서 정규군뿐만 아니라 일정한 조건을 갖춘 민병과 의용군, 나아가 군민병(群民兵)에게도 교전자 자격을 인정하며, 따라서 적에게 잡힌 때에는 포로가 되는 자격을 가진다고 하는 것이다)', '포로 대우', '상병자 대우', '해적 수단과 방법(독을 가한 무기나 불필요한 고통을 주는 해적 수단 금지 등 특정 종류의 무기 사용 금지, 방어되지 않은 도시에 대한 공격 금지와 포격 제한, 약탈 금지 등을 규정함)', '군사(軍使)',

'항복규약', '휴전', '점령 법규'에 관한 규정이 있었다. 이들 규제 사항은 당시의 전쟁 수단이나 방법을 반영하고 있었다. 즉, 보통은 육군(정규군)이 적국 정규군과 교전하고, 적국의 여러 지역에 진군하여 점령하는 등의 행위를 함으로써 전투를 계속하는 것이다. 교전국 일반 주민은, 점령의 경우는 제외하고, 일반적으로는 교전 지역 바깥에 놓임으로써 직접 전투행위에 연루되는 일은 없었다.

또 항공기가 발달되어 있지 않았기 때문에 공습에 관한 규칙도 생각되지 않았다. 공격 또는 포격은 지상군에 의한 것을 가정하여 규칙이 만들어져 있었다. 따라서 일반주민 보호에 관한 규정은 없다. 또 헤이그 육전협약에는 이 협약 비체약국이 교전국 중에 한 국가라도 가담한다면 그때부터 체약국들 간에도 이 협약이 적용되지 않는다고 하는 이른바 총가입조항이 삽입되어 있었다. 이 협약에 한하지 않고, 당시 체결되었던 전쟁법 관계 조약에는 이 조항이 들어가는 것이 보통이었다. 그러나 헤이그 육전규칙의 이들 여러 규정은 일반적으로 새로 정해진 교전법규라기보다는 종래부터 인정되어 온 관습규칙을 법전화(성문화)한 것으로 간주되었다. 그 뒤 두 번의 세계대전에서 동 규칙은 총가입조항이 있음에도 불구하고 비체약국을 포함한 모든 교전국에 적용되어야 하는 것으로 생각되었다.

전쟁 선언은 필요한가

1907년의 헤이그 평화회의에서는 위에서 본 전쟁법규 문제 외에 또 하나의 문제가 주목을 받았다. 그것은 전쟁 선언 문제이다. 종래 무차별전쟁관하에서도 법률상의 전쟁으로 간주되기 위해서는 적어도 일방 교전당사국에 의한 어떤 형태의 전의(戰意, animus belligerendi) 표명이 필요하다고 생각되고 있었다. 이 전의 표명 유무가 전쟁법규가 적용되는 국제법상의 전쟁과 전쟁에 이르지 않는 무력행사(예를 들면 상대국의 위법한 행위에 대한 복구(復仇)로서 자국이 상대국에게 무력을 행사하는 경우) 내지 사실상의 전쟁을 구별하는 것이었다. 왜냐하면 무차별전쟁관하에서 전쟁은 평화와 대비되는 상태로 간주되는 것이므로 전쟁상태가 시작되는 시점을 전의 표명에 의하여 명확하게 할 필요가 있기 때문이다.

하지만 전의 표명 방식에 관해서는 정해진 규칙이 없었다. 교전국이 명시적으로 전쟁 선언을 하는 경우도 있었고, 묵시적으로 전의를 표명하는 경우도 있었다. 1894년 7월, 청일전쟁에서 당시 청일 양국은 동학 난을 계기로 조선에 군대를 파견하는 문제를 둘러싸고 일촉즉발의 상태에 있었다. 아산 근처 풍도(豊島) 앞바다에서 청일 함대가 전쟁을 시작한 직후에, 그러나 아직 양국의 선전포고(8월 1일)가 있기 이전에, 일본 함대 나니와(浪速)호(함장은 도고 헤이하치로(東鄉平八郎))가 청나라 병사와 무기, 탄약 등을 실은 영국 국적 여객선 고승(高陞)호를 격침하는 사건이 발생하였다. 이 일은 일시적으로 영국 여론을 격앙시켰으며, 영일 간에는 긴장이 조성되었다. 그러나 청일 간 교전에 의하여 이미 양국은 전쟁 상태에 들어가 있어서 나니와호는 교전국의 권리를 행사한 것이었고, 더욱이 격침 전에 모든 수단을 다 동원하였다는 것이 인정되어서 사건은 일단 결말을 맺었다. 그리고 1904년의 러일전쟁 또한 쌍방의 명시적 선언 없이 해전에 의하여 개시되었다.

일본이 싸운 이들 두 전쟁의 개전 방법을 반성하여 1906년의 국제법학회(Institut)는 이 문제를 다루었으며, 선전(宣戰) 또는 최후통첩 없이 전쟁을 시작하지 않는다고 하는 원칙이 채택되었다. 그 영향을 받아서 헤이그 평화회의는 '개전에 관한 협약'[7]을 성립시켰다. 이로써 "(그 체약국은) 이유를 붙인 개전 선언의 형식 또는 조건부 개전 선언을 포함한 최후통첩 형식을 가지는 사전의 명시적인 통고 없이는 그 상호 간에 전쟁(hostilities)을 개시해서는 안 된다는 것을 승인"(제1조)하였다.

단, 이 협약에도 총가입조항이 포함되어 있었으므로(제3조) 비체약국과 전쟁을 개시하는 경우에는 개전 선언 등의 형식은 필요하지 않은 것으로 인정되었으며, 묵시적인 전의 표명으로 족했다. 더구나 이 협약은 무차별전쟁관으로부터의 탈피, 바꾸어 말하면 나중에 살펴볼 위법전쟁관을 향한 출발을 나타내는 것으로 볼 수도 없다. 그렇다고 하더라도, 체약국 간에서는 조

7) Convention relative to the Opening of Hostilities.

약상 절차를 밟지 않고 전쟁을 개시하는 교전국은 조약 위반이 된다. 단, 이 협조를 위반하는 방식으로 전쟁을 개시하더라도 다른 방식으로 전의 표명이 이루어지고 있는 한, 법률상의 전쟁이라는 사실에는 변함이 없다. 그렇지만 협약 중에는 이 점에 관한 규정이 없었다.

5. 전쟁법의 사상과 한계

"전쟁은 법을 깨뜨린다"는 말의 의미

전쟁은 평시에는 허용되지 않는 행위도 허용한다. 예를 들어 적국 병사를 전투에서 배제하기 위하여 살상하는 것, 해상에서 적국 선박뿐만 아니라 중립국 선박을 임검·수색하는 것은 허용되어 있다. 교전국의 적대 행위 대부분은 합법적으로 행할 수 있는 것이다. 합법적인 적대 행위를 한 병사는 적국 병사에게 인적·물적으로 큰 손해를 입혀도 아무런 법적 책임을 지지 않으며 그런 행위를 이유로 처벌되는 일은 없다.

그러나 전쟁법은 그러한 합법행위와 위법행위를 구별하는 규칙이므로, 교전국이 전쟁법상 금지된 위법행위, 예컨대 포로 학대나 적 사유재산을 약탈하는 행위 등을 하면 책임을 지지 않을 수 없다. 전쟁법도 법인 이상, 전쟁 중에 교전국에 의한 위반이 있으면 그것을 방치해서는 안 된다는 것은 당연하다. 더욱이 전쟁상태에서는 평시보다 일반적으로 위반이 일어나기 쉽다고 생각된다. 이러한 위반에 대하여 어떻게 대처하는 것일까.

지금까지 살펴본 전쟁법규는 바로 전쟁 중에 준수되어야 하는 것으로서 평시와 비교하여 그 준수에 일반적으로 어려움이 따를 것이라는 점은 쉽게 상상할 수 있다. 흔히 "전쟁은 법을 깨뜨린다"고 일컬어지고 있지만 이는 평시에 적용되고 있는 조약이나 규정, 예컨대 해양법에 관한 조약, 정치 · 경제 관계 조약 등이 전쟁 중에는 운용이 중지되기도 하고 종료되기도 하는 것을 가리키는 말이다. 전쟁 중에 적용되어야 할 바로 그 법규가 운용 중지되는 것을 의미하는 것은 아니다. 위반행위에 대하여는 법적으로 책임이 추궁되지 않으면 안 된다. 여기서 전쟁범죄 문제가 발생한다. 그러나 도대체 그 책임을 누가 어떤 형태로 질 것인가 하는 문제가 있다. 위법행위를 행하는 자(주로 병사)인가, 위법행위를 지시 또는 허가한 자인가, 또는 전쟁을 수행하는 국가 지도자인가, 나아가 국가 자신인가라고 하는 점이 문제가 될 것이다. 또, 그가 부담하는 책임은 형사책임(처벌)인가 아니면 민사책임(배상)인가라는 점도 문제가 된다. 이러한 점은 나중에 5장에서 자세히 논하고자 한다.

조약의 처벌 규정 결여

그런데 나폴레옹 전쟁 시기부터 반세기 이상이 지난 후에 작성된, 위에서 말한 전쟁법규에 관한 여러 조약들은 이러한 문제들에 관하여 거의 아무런 규정도 두고 있지 않다. 그러나 그러한 사실은 전쟁법 위반이 있어도 아무도 법적으로 책임을 추궁당하지 않는다는 것을 의미하지는 않는다. 이미 본 바와 같이 교전국이 자국 또는 적국 병사로서 전쟁범죄인으로 보이는 사람을 붙잡은 경우, 재판에 회부하여 처벌한 예는 얼마든지 있다. 또, 리버법의 파르티잔 규정이나 헤이그 규칙의 비정규병 규정은 그것을 위반하는 사람의 처벌을 상정하고 있는 것으로 보인다.

다만, 조약상의 책임에 관하여 규정을 두고 있는 것은 헤이그 육전협약뿐이다. 더욱이 그 규정(3조)에 의하면, "상기 규칙(헤이그 육전규칙을 말함)의 조항을 위반하는 교전 당사자는 배상이 요구되는 경우 배상을 지불할 책임을 진다. 교전 당사자는 그 군대의 일부를 구성하는 사람들에 의한 모든 행위에 대하여 책임을 진다"라고 되어 있다. 이 규정의 준비작업 과정에서 독일이 제안한 조문안은 중립국 여론을 목적으로 하여 교전국에 의한 중립 위반이 있을 경우에 교전국이 배상책임을 진다고 하는 것으로, 중립국 국민 보호에 한정된 것이었다. 적국 국민에 대한 보상 문제는 평화가 회복될 때 해결되어야만 하는 문제였기 때문이다. 그러나 회의에서는 중립국 국민과 적국 국민을 이러한 방식으로 차별하는 것에 대한 반대가 제기되어서 위와 같은 규정이 되었다.

따라서 위반행위를 행한 교전국은 적국에 대해서도 전시 중에 배상하지 않으면 안 된다. 또 병사의 위반행위가 상관의 명령이나 허가와 같이 상관의 개재를 매개로 교전국에 귀속된다고 하는 우회적인 이론은 필요하지 않다. 상관이건 부하이건 그 행위는 국가행위로 간주될 수 있다는 것을 나타내고 있다. 여기에 군대구성원에 의한 전쟁법규 위반행위에 대한 교전 당사자, 즉 국가의 절대책임이 명기된 것이다. 이는 관습법을 선언한 것으로 인식되었다. 이런 책임은 육전의 경우뿐만 아니라, 적절한 변경을 가하여 해전에도 적용된다. 더욱이 여기서 말하는 국가 책임은 민사책임에 한정되며, 형사책임 내지 국가범죄라고 하는 관념은 전혀 없었다고 보아도 된다. 그러나 배상책임에 한정된다고 하더라도 국가에게 책임이 인정된 것 자체가 개개 병사의 전투행위도 결국에는 국가 행위라는 것이 확인되었다는 것을 의미하고 있다.

교전국의 국내 제도로 재판함

이상과 같이, 제1차 세계대전 시기까지의 조직화되지 않은 국제사회에서는 전쟁범죄란 일반적으로 당시의 전쟁의 법규관례에 대한 위반행위를 가리키며, 교전국 병사가 행한 전쟁범죄 처벌은 전적으로 그 교전국의 국내 제도에 의한 것이었다. 그 경우, 적국 병사의 전쟁범죄이건 자국 병사의 전쟁범죄이건 자국 국내 법원에서 재판하는 것이 된다. 다시 말해 당시 국제법은 전쟁범죄를 저지른 적국민을 자국 법원에서 재판하는 권리를 국가에게 인정하고 있었다고 할 수 있다. 각국은 전쟁범죄의 국내 처벌을 효과적으로 적용하기 위하여 행위를 결정하고 처벌 제도를 정비하였던 것이다.

Ⅱ

새로운 전쟁범죄관 모색

—제1차 세계대전의 충격

1. 제1차 세계대전과 전쟁 수단 · 형태의 변화

무차별전쟁관의 한계

제1차 세계대전은 무차별전쟁관의 귀결이기도 하였다. 이제까지 유럽에 유지되어 왔던 국제 질서, 즉 세력균형(balance of power)의 무력함과 지난 세기부터 열심히 만들어 왔던 전쟁법규의 한계가 속속들이 드러났던 것이다.

1914년 6월 28일, 사라예보에서 있었던 오스트리아 황태자 암살을 계기로 7월 28일 오스트리아가 세르비아에 선전포고를 하고, 8월 1일 독일이 러시아에게, 이어서 8월 3일 프랑스에게 선전포고를 하였다. 8월 4일 영국은 독일에게 선전포고를 한다. 제1차 세계대전이 시작된 것이다. 8월 30일, 독일군은 전격적인 전투로 영국과 프랑스 군을 물리치고 마른 강까지 진격하였으며, 9월 3일 프랑스 정부는 파리에서 보르도로 옮겨졌다. 또 8월 4일 독일은 벨기에에게 선전포고를 하고 그 중립 지위를 침범하여 벨기에를 침입하고 점령하였다. 이 대전은 유럽을 주 무대로 하고, 영국과 프랑스 측에 가담한 일본(1914년 8월 23일에 선전포고)과 중국, 나아가서는 미국 등도 휘말리게 하는 형태로 전개되어 갔다.

전쟁수단의 발달

제1차 세계대전에서는 근대 과학을 이용하여 전쟁 수단이 비약적으로 발달한 결과, 전쟁 피해도 커졌다. 1915년 4월 2일에 시작된 이에페르(벨기에) 전투에서는 독일군이 처음으로 독가스(염소 가스)를 사용하였으며 이후 양쪽 모두 다양한 종류의 독가스를 대량으로 사용하였다. 새로 개발된 화학 무기를 사용하는 것 외에도 바다에서는 잠수함의 등장, 하늘에서는 비행기의 폭격이 눈길을 모았다. 1916년 11월 28일, 독일군은 처음으로 런던을 공습하였다. 또 전장 밖이나 점령 지역에서 일반 주민의 피해가 현저하였다. 종래의 전쟁법규가 이 같은 전쟁 형태 변화에 충분히 대응할 수 없었던 것도 한 가지 원인이 되어, 주로 두 국가 사이에 있었던 그 이전의 고전적인 전쟁에서는 생각할 수 없었던, 많은 전쟁법 · 중립법 위반행위가 이루어지게 된다. 예컨대 나중에 설명하는 루시타니아(R. M. S. Lusitania)호 사건처럼, 독일 잠수함이 중립선을 경고 없이 무차별적으로 격침함으로써 해전에서의 중립 선박 피해는 현저하게 커졌다.

1918년 9월 29일에 불가리아, 9월 30일에 터키, 그리고 11월 11에는 독일이 항복하여 제1차 세계대전은 종결을 맞이하게 되었다. 전쟁 중의 위법행위나 잔혹행위는 패배한 독일과 평화조약을 체결하기 위하여 개최된 베르사유 회의에서 거론되어, 전쟁범죄인 처벌 문제로 논의되게 된다. 그리고 제1차 세계대전에서의 대규모 잔혹행위 등이 종래의 전쟁범죄관에도 전기를 초래하기에 이른다. 베르사유 회의에서 있었던 논의 전개는 새로운 전쟁범죄 문제를 제기하고 있기 때문에 조금 자세히 살펴보고자 한다.

2. 평화예비회의 보고
—세계대전의 책임에 관하여

무엇이 검토되고 보고되었는가

휴전조약 체결 후 전쟁법 위반행위 추궁, 전쟁범죄 문제는 시급하게 검토되었다. 1919년 1월에 연합국이 파리에서 개최한 평화예비회의는 전쟁에 관한 책임을 심리하기 위하여 '전쟁개시자 책임과 형벌집행위원회' 설치를 결정하였다. 이 위원회는 강대국(미 · 영 · 불 · 이탈리아 · 일본) 각국이 지명하는 각 두 사람(총 10인)과 특별이해관계국(벨기에 · 그리스 · 폴란드 · 루마니아 · 세르비아)에서 선정된 다섯 명을 합하여 총 15인의 위원으로 구성되었다. 그런 이유로 '15인 위원회'로 불렀다.

3월 29일 위원회는 상세한 보고서를 평화예비회의에 제출하였다. 보고서 중에서 특히 중요하다고 생각되는 다음 네 가지 문제를 따로 살펴보고자 한다.

전쟁을 계획한 자의 책임

우선 첫 번째 문제는 '전쟁을 계획한 자의 책임'이다. 보고서에는 다음과 같이 기술되어 있다. 세계대전의 기원, 중립위반이나 그 단서가 되었던 경계 침범에 관한 많은 공식 문서를 검토해 보면, 그 책임은 침략 정책에 따라 전쟁을 선언하였던 국가들, 우선 독일과 오스트리아, 다음으로 터키와 불가리아에 귀속된다. 독일과 오스트리아 양국이 보장하였던 벨기에와 룩셈부르크의 중립을 침범하였기 때문에 책임은 더욱 중대하다. 또한 전쟁 선언 전에 프랑스와 세르비아 쌍방의 국경을 침범하였기 때문에 책임은 증대된다.

위원회는 이 문제에 대한 결론에서 "필요는 법을 모른다. 우리 군은 룩셈부르크를 점령하였으며, 아마도 이미 벨기에 영토에 들어갔을 것이다. 여러분, 이것은 국제법 위반이다"라고 한 독일 재상의 유명한 연설을 인용하였다.

전쟁의 법규관례 위반

두 번째 문제는 '전쟁의 법규관례 위반'이다. 위원회는 많은 자료를 검토하여 가장 현저한 범죄 목록으로 32개 항목을 열거하였다. 열거된 범죄는 완전하고도 망라적인 것은 아니며, 추가가 필요한 것으로 생각되기도 하였다.

(1) 살인과 학살, 조직적 테러리즘 (2) 인질 살해 (3) 민간인 고문 (4) 민간인을 고의로 아사시키는 것 (5) 강간 (6) 강제 매춘을 위한 부녀자 유괴 (7) 민간인 추방 (8) 열악한 조건에서 민간인을 감금하는 것 (9) 적의 군사작전과 관련된 민간인 강제

노동 (10) 군사점령 중의 주권 침해 (11) 피점령 지역 주민 중에서 병사를 강제로 모집하는 것 (12) 피점령 지역 주민의 국적 박탈 기도 (13) 약탈 (14) 재산 몰수 (15) 위법하거나 법에서 정하지 않은 군세(軍稅) 징수와 징발 (16) 통화 평가절하와 위조통화 발행 (17) 집단 형벌을 부과하는 것 (18) 자의적으로 황폐화하는 것과 재산 파괴 (19) 무방수 지구의 의도적 폭격 (20) 종교, 자선, 교육 및 역사적 건물과 기념물의 자의적인 파괴 (21) 예고 없이 그리고 승객 또는 승무원의 안전에 대한 배려 없이 상선과 여객선을 파괴하는 것 (22) 어선과 구조선 파괴 (23) 병원에 대한 의도적 폭격 (24) 병원선에 대한 공격과 파괴 (25) 적십자에 관한 그 밖의 규칙 위반 (26) 유독성 및 질식성 가스 사용 (27) 폭발성 또는 작열성 탄환과 그 밖의 비인도적 무기 사용 (28) 생명을 구조하지 말라고 하는 명령 (29) 부상자와 포로에 대한 학대 (30) 포로를 허가되지 않는 노동에 사용하는 것 (31) 휴전기(休戰旗) 남용 (32) 우물과 샘에 독을 투입하는 것

개인책임

세 번째 문제는 '개인책임'이다. 위원회는 그 책임이 정식으로 구성된 법원에서 확정되었을 때에는 아무리 높은 지위에 있는 사람이나 어떤 사정하에서도 책임을 벗어나게 할 이유는 없다는 것을 명확하게 표명하고자 하였다. 이는 국가원수의 경우에도 마찬가지다.

이 문제에 대해서는 국가주권자의 면제 주장, 특히 불가침권 주장에 근거하여 반대하는 논의가 제기되었다. 그러나 그러한 특권은 그것이 인정된다고 하더라도 국내법상의 실제적 편의 중 하나에 지나지 않으며, 기본적인 것은 아니다. 설령 일부 국가에서는 주권자가 자국 국내 법원에서 소추를 면제받는다고 하더라도, 국제적인 관점에 선 입장은 전혀 다르다.

예컨대 만약 전 독일 황제(카이저 빌헬름 2세)가 법정에 나오지 않은 채로 더 낮은 지위의 다른 범죄자가 처벌되면, 위반된 전쟁의 법규관례와 인도법의 여러 원칙을 옹호하는 일은 불완전한 것이 될 것이다. 나아가 혹 범죄자들이 주권자의 상관 명령에 대하여 어떠한 반대도 할 수 없다는 것을 주장할 수 있다면 범죄자들에 대한 재판이 현저하게 훼손될 것이다.

이리하여 보고서는 다음과 같이 결론을 내렸다.

> 적국에 소속된 사람으로 전쟁의 법규관례 또는 인도법에 대한 범죄를 이유로 죄책을 부담하는 모든 사람은 그들의 지위가 아무리 높더라도, 국가 수장을 포함하여 지위 구별 없이, 형사소추 대상이 된다.

법원의 구성과 절차

네 번째 문제는 '적절한 법원의 구성과 절차'이다. 보고서는 먼저 두 종류의 유죄행위를 거론하였다. '세계전쟁을 도발하고 또한 개시를 수반한 행위'와 '전쟁의 법규관례와 인도법 위반'이다.

전자에 관하여 위원회는, 이것은 엄격히 말하면 전쟁범죄는 아니며 전쟁을 도발하고 그 개시를 수반하는 행위라고 생각하였으며, 그 현저한 사례로 벨기에와 룩셈부르크에 대한 침입을 들었다. 평화의 외관 아래에 숨겨져 있다가 돌연히 그릇된 구실로 선언되는 이러한 침략전쟁의 책략은 공공의 양심이 비난하고 또 역사가 증명하는 행위이기는 하나 실정법에 직접적으로 반하는 행위로는 생각되지 않는다는 것이다.

위원회는 이러한 중립 위반에 관한 특별 항목상 책임 있는 당국 또는 개인(특히 전 카이저)에 대하여 형사소추가 이루어질 수 없다고 생각했다. 그러나 국제법과 국제 신의에 대한 침해는 극히 중대하기 때문에 그들은 회의의 공식 비난 대상이 되어야 한다고 하였다.

후자에 관하여 위원회는 다음과 같이 말하고 있다. 즉, 각 교전국은 국제법에 따라 전쟁의 법규관례 위반에 관하여 위에서 서술한 두 번째 문제에서 열거된 범죄를 이유로 유죄가 된 개인이 포로가 되거나 다른 방법으로 체포된다면, 그를 재판하는 권한과 권위를 가진다. 각 교전국은 자기 입법에 따라 그러한 사건을 재판할 형사법원 또는 민사법원과 같은 적절한 법원을 가지고 있으며, 또한 그러한 법원을 설치하는 권한을 가진다. 이들 법원은 자신의 절차에 따라 범인을 재판할 수 있으며, 이들 모든 사건이 단일 법원에 회부된다면 많은 분규와 당연히 있을 수밖에 없는 지연을 피할 수 있을 것이다.

그러나 다음과 같은 사람에 대한 많은 고소가 여전히 남게 된다.

> 일부 연합국의 많은 민간인과 병사를 침해한 적국인, 국가원수를 포함하여 적국에 속하는 민간인 또는 군의 모든 당국으로서 전쟁의 법규관례 위반을 명령하거나, 위반을 알고 있으며 개입할 권한을 가지고 있으면서도 위반을 방지하거나 막는 조치를 취하지 않고 위반을 종결시키거나 억압하지 아니한 자 등.

이러한 사람들에 대한 재판을 위하여 고등법원이 불가결하며, 그러한 법원은 다음과 같은 계획에 따라 설치해야 한다고 생각되었다. 그 내용은 다음과 같다. 판사는 미국 · 영국 · 프랑스 · 이탈리아 · 일본 정부에서 임명된 각 세 사람, 벨기에 · 그리스 · 폴란드 · 포르투갈 · 루마니아 · 세르비아 · 체코슬로바키아에서 지명된 각 한 사람으로 구성된다. 적용될 법은 '여러 문명 인민들 간에 확립된 관행, 인도법과 공공 양심의 명령으로부터 나오는 국제법 원칙들'로 한다. 고등법원은 거기에 자신을 대표하고 있는 국가나 유죄를 선고받은 피고인의 본국 법원에 의하여 그러한 범죄에 부과될 수 있는 형벌을 그에게 선고할 권한을 가지는 것으로 되어 있었다.

이 보고서는 만장일치로 채택되기는 했지만, 미국 대표와 일본 대표가 특히 고등법원 설립, 원수의 소추, 전쟁법 위반 방지 태만의 죄(소극적 범죄) 등에 관하여 일정한 유보를 표명하였다. 이런 문제들은 당시 미국과 유럽의 관련 학회에서도 다투어지고 있던 문제였다.

위원회보고서의 특징

제1차 세계대전의 실행으로부터 전쟁범죄 행위를 이끌어 내려고 하는 이 보고서에는 기존의 전쟁범죄관으로부터의 전개 혹은 비약이 엿보이며, 이를 계기로 새로운 전쟁범죄관이 등장하게 되었다. 단, 새로운 전쟁범죄관은 전쟁 중의 적대행위 실행에 대한 반성으로부터 전후에 이론이 전개되는 것이 일반적이다.

이 보고서가 지향한 바는 그 결론에서 알 수 있듯이 다음과 같은 여러 사항들이었다.

우선 이 세계전쟁을 시작한 사람의 책임 문제를 거론하였다. 무차별전쟁관하에서는 이것은 당연히 불문에 부쳤다. 삼국동맹을 맺은 국가들의 침략 정책(전쟁을 불가피하게 만드는 책모나 중립 침범을 언급)을 거론함으로써 처음으로 침략을 언급하였다. 다음으로 대전에서 발생하였던 미증유의 잔혹행위와 그 희생으로부터 32개 항목의 전쟁범죄 목록을 거론함으로써 전쟁의 법규관례 위반이라는 헤이그 육전협약 규정뿐만 아니라 인도법 위반이라는 이른바 마르텐스 조항(동 협약 전문)의 표현도 원용하였다. 이로써 전쟁범죄 행위의 확대를 도모하였다고도 볼 수 있다. 나아가 개인 책임에 관하여, 고위 권력자는 물론이고 국가원수마저도 면제를 부여하지 않는다는 태도를 분명하게 보여주었다. 이것이 카이저를 염두에 두고 있는 것은 말할 것도 없다. 마지막으로 고등법원이라고 하는 국제법원 설치를 권고하였다는 점이다. 물론 이 법원에서는 침략전쟁 책임을 물을 수는 없다고 하고(이 점에서는 카이저를 고소할 수 없음) 오히려 평화회의가 공식적인 비난을 할 것을 권고하였다. 그러나 이 국제법원에서 심판할 수 있는 피고인(전쟁범죄인)의 행위 중에 국가원수나 상관이 위반을 명령하였을 뿐만 아니라 위반 방지를 게을리한 부작위의 경우도 포함된다고 하고 있다. 이들 여러 가지 문제들은 제1차 세계대전까지의 전쟁범죄의 범위와 그 처벌 방법을 상당히 넘어서는 것이다.

3. 베르사유 평화조약의 형벌 규정

전쟁범죄 조항

전쟁범죄를 둘러싸고 위에서 본 평화예비회의에서의 제안이나 토론은 1919년 6월 28일의 베르사유 평화조약 제7편 제227~230조의 형벌 규정에 반영되었다. 제227조에서는 다음과 같이 빌헬름 2세를 특별법원에서 소추하는 것으로 하고 네덜란드 정부에 전 황제의 인도를 요청하였다(다른 평화조약에는 제227조에 상당하는 규정이 없다).

> 동맹국과 연합국[1]은 국제 도의와 조약의 신성을 손상시킨 최고 범죄에 관하여 전 독일 황제 호엔촐레른(Hohenzollern)의 빌헬름 2세를 소추한다.
> 위 피고인을 심리하기 위하여 특별법원을 설치하고 피고인에 대하여 변호권에 필요한 보장을 부여한다. 이 법원은 다섯 명의 판사로 구성하며 미국, 영국, 프랑스, 이탈리아, 일본이 각각 한 명의 판사를 임명한다.

---

1) 제1차 세계대전에서 중앙동맹국인 독일, 오스트리아, 오스만제국, 불가리아 왕국에 대항하여 싸웠던 국가들은 보통 연합국(Allies) 또는 협상국(Entente Powers)으로 불리지만, 공식 명칭은 "동맹국과 연합국(Allied and associated Powers)"이다. 프랑스, 러시아, 영국, 일본 등이 동맹국에 해당하며 미국은 연합국으로 분류된다.

> 법원은 판결에 즈음하여 국제 약정에 기초한 숭고한 의무와 국제도덕의 존재를 입증하기 위하여 국제 정책의 최고 동기가 명령하는 바에 따른다. 그 지당하다고 인정하는 형벌을 결정하는 것은 법원의 의무이다.
> 동맹국과 연합국은 심리를 위하여 전 황제의 인도를 네덜란드 정부에 요구하는 것으로 한다.

이어서 제228조와 제229조는 카이저 이외의 전쟁범죄인에 관하여 다음과 같이 규정한다.

> 독일 정부는 전쟁의 법규관례를 위반한 행위의 죄책으로 소추되는 사람을 군사법원에 출정시킬 동맹국과 연합국의 권리를 승인한다. 상기자가 유죄로 결정된 때에는 이를 법이 정하는 형벌로 처벌한다. 이 규정이 독일 또는 그 동맹국 법원에서의 소송절차 또는 공소를 위한 전쟁의 법규관례 적용을 방해하는 것은 아니다.
> 독일 정부는 전쟁의 법규관례를 위반한 행위의 죄책으로 소추되는 자로서 그 이름으로 특정되거나 독일 관헌상 가지고 있었던 지위와 관직으로 특정된 자 모두를 동맹국과 연합국 또는 인도를 요구하는 국가 중의 한 국가에 인도한다. (제228조)
>
> 동맹국과 연합국 중의 한 국가의 국민에 대하여 죄를 범한 자는 동맹국과 연합국의 군사법원 직원으로 조직하는 군사법원

의 재판에 회부한다.

피고인은 어느 경우건 자신의 변호인을 지명할 권리를 가진다. (제229조)

그리고 제230조는 독일 정부의 증거 방법, 인도와 정보 제공 의무를 규정한다.

또 1919년 9월 10일의 생제르맹조약 제173~176조는 오스트리아인 또는 구 오스트리아 · 헝가리 제국에 속하였던 지역 주민이 범한 전쟁의 법규관례에 반하는 행위에 관하여 동일한 규정을 두었다. 뇌이조약(Treaty of Neuilly) 제118~120조, 트리아농조약(Treaty of Trianon) 제157~160조, 세브르조약(Treaty of Sèvres) 제226~229조도 마찬가지다. 또 세브르조약 제230조는 터키 내 소수 민족 박해에 관하여 인도에 반한 죄(인도법 위반)의 관점에서 제3항에 연맹에 의한 진정한 국제법원 설치를 암시하고 있었다. 그러나 세브르조약은 비준되지 않았으며, 1923년 7월 24일의 로잔느조약(Treaty of Lausanne)에는 더 이상 형벌 규정이 없고 터키 영역에서의 인권보호에 관한 예방 규정(제37~44조)을 두는 데 그쳤다. 같은 날 서명 국가들은 대사면에 관한 협정을 체결하였다(프랑스 · 영국 · 러시아 각 정부는 1915년 5월 28일의 공동성명에서 (개인이 아닌) 터키 정부를 '인도에 반한 죄'의 죄책으로 비난하고 있었다.

이와 같이 베르사유 평화조약은 전 황제에 대한 것이건 아니면 전쟁법 위반의 죄책으로 처벌되는 다른 모든 사람에 대한 것이건, 개인 범죄에 대한 제재 문제를 명확하게 제기하였다.

제228조와 제229조는 동맹과 연합국 측 법원에 의한 독일 전범 재판을 독일이 인정하도록 하는 것으로서, 재판이 '전후'에 이루어지고 또 독일 국내에 있는 전범 인도를 요구하고 있는 점에서 새로운 점이 있지만, 본질적으로는 종래부터 인정되어 있던 것이다. 제229조가 말하는 여러 국가들의 군사법원은 위에서 말한 평화예비회의 보고서의 '고등법원'에 상당하는 것으로 생각되지만, 오히려 '혼합위원회' 형식의 것이 생각되고 있었다. 또 보고서가 주장한 전쟁법 위반행위 방지 태만 처벌이나 '인도법' 위반 처벌에 관해서는 베르사유 평화조약 중에 명시되어 있지 않다.

또 제227조에 따른 카이저 소추 문제는 나중에 한꺼번에 검토하고자 한다. 그전에 먼저 종래의 전쟁범죄관에 전기를 불러온 일이 되기도 하였던 제1차 세계대전 중의 대규모 잔혹행위 사례로서 루시타니아호 사건을 살펴보며, 카이저 이외의 전범을 처벌해야 할 동맹국과 연합국 법원을 대신하여 그 역할을 하게 되었던 독일 라이프치히 대법원에 관해서도 살펴보고자 한다.

루시타니아호 사건

제1차 세계대전 초기부터 영국·프랑스 함대는 독일 해군에 대하여 명백하게 군사적인 우위를 점하고 있었다. 이에 독일은 잠수함전으로 대항하려 하였다. 1915년 2월 4일에 독일은 영국 제도 주변 해역을 '전쟁구역'으로 설정하고 그 구역 내에서 적 상선은 예고 없이 잠수함에 의하여 수뢰 공격을 받을 수 있다고 선언하였다.

1915년 5월 7일, 큐너드(Cunard)사 소유 초대형 여객선으로 리버풀로부터 뉴욕으로 향하던 루시타니아호가 이 해역에서 독일 잠수함의 어뢰 공격을 받아 격침되었다. 이 배에는 2,000명이 넘는 승객(수백 명의 미국인 포함)이 승선하고 있었으며 희생자는 1,547명에 달하였다. 루시타니아호 격침은 구미, 특히 영국과 미국 여론에 말로 다할 수 없는 큰 동요를 불러일으켰다. 영국 신문은 필요 없이 무고한 사람들을 이렇게 살육하는 것의 잔혹성을 비난하였으며, 전 수상 로즈베리 경(Lord Rosebery)은 타임즈지에 루시타니아호 격침은 승리를 향한 영국 국민의 노력을 불러일으킬 것이므로 범죄라기보다는 오히려 실수라고 썼다. 이는 영국의 여론이었다. 런던과 여러 도시에서 분노가 폭발하여 독일인 상점이 약탈되었으며 독일인에 대한 폭력행위가 속출하였다.

영국의 사법심사와 판결

피해 장소에 가장 가까워서 희생자 시신이 옮겨진 퀸즈타운(Queenstown) 당국은 모든 살해사건의 경우에 일반적으로 수행되는 사법 심사를 실시하였다. 판사는 배심원 면전에서 희생자 시신을 검시하고 증인 심문을 하였다. 배심원들은 루시타니아호 공격이 국제법을 위반하여 이루어진 범죄적 성격을 갖는다는 것을 확인하고, 잠수함의 사관, 독일 황제와 독일 정부에 대하여 살인의 평결을 내렸다. 이 심사 결과 재판장 머지 경(Lord Mersey)은 1915년 7월에 루시타니아호 파괴가 여객선 승객 생명에 대한 계획적이고도 범죄적인 침해의 결과라고 판결하였다.

퀸즈타운의 배심원 평결과 머지 경의 판결은 법적 관점에서 보면 루시타니아호 조난의 정확한 원인을 뒷받침하는 증거를 갖춘 정식 확인인 동시에 엄숙한 확인을 의미하는 것으로서 영국 여론을 만족시켰다. 하지만 영국 법원 판결은 독일 제국과 그 정부 지도자에 대항할 수 있는 것은 아니었다.

루시타니아호 격침은 중립국에서 독일에 반하는 여론을 불러일으켰다. 네덜란드, 스웨덴, 노르웨이, 스위스, 스페인 신문은 루시타니아호에 대한 공격을 해전의 전통적 관행에 따른 엄격한 전쟁행위로 간주하지 않고 보통법상의 범죄로 간주하였다. 희생자를 낸 미국 반응은 다른 중립국보다 엄하여 루시타니아호 공격을 미국에 대한 독일의 도발로 받아들였다.

미국의 정식 항의는 1915년 5월 13일에 외교각서 형식으로 나왔다. 그 속에서 윌슨 대통령은 선례에 해당하는 다른 여러 사건을 상기시키면서 미국인의 권리가 해전의 통상적인 방법을 훨씬 뛰어넘는 조치에 의하여 제한되는 것을 인정할 수 없으며, 또 교전국은 포획법 규칙에 따라야 한다고 말하였다. 윌슨 대통령의 각서에 대하여 독일 정부는 1915년 5월 28일의 양해각서에서 문제를 회피하여 회답하였다. 루시타니아호는 보조 순양함으로 위장되어 영국 해군 목록에 올라와 있다고 하면서, 그 배에는 캐나다 군인과 전쟁 장비가 탑재되었으며 대포도 숨겨져 있었다고 반론하였다. 이 주장은 오히려 미국 쪽이 중립의무를 위반하고 있다고 비난하는 것이었다. 그리고 독일은 1917년 2월 1일에 무제한 잠수함전을 선언하였으며, 이 사건을 계기로 미국은 같은 해 4월 6일에 독일에 대하여 전쟁을 선포하였다.

라이프치히 대법원에서의 처벌

카이저 외에 전쟁범죄를 저지른 군인과 민간인 처벌은 전후 어떻게 이루어졌을까. 제1차 세계대전 중부터 루시타니아호 사건 등 잠수함 공격에 대한 비난 외에도 특히 점령 지역의 공포, 황폐와 살해 계획을 실행한 사람에 대한 고발이 동맹과 연합군 당국에 의하여 이루어지고 있었다. 평화회의는 앞에서 말한 바와 같이 32개 항목에 달하는 범죄 목록을 열거하고 그것을 실행한 사람을 동맹국과 연합국 법원에서 처벌할 것을 예정하고 있었다. 이미 본 베르사유 평화조약 제228~230조가 이것을 규정하였던 것이다.

1920년 2월 3일, 동맹국과 연합국 대사 회의 결정에 따라 대전 중의 독일 지도자 896인의 명단과 각각의 고소 이유를 포함한 인도요구서가 독일에게 제출되었다. 이 통고를 받은 독일에서는 격렬한 동요가 일어났다. 특히 혁명이 일어날지도 모른다는 두려움 때문에 정부는 요구된 인도에 필요한 조치를 취할 수 없을 것으로 관측되었다. 독일은 이미 1월 25일 각서에서 전쟁범죄인 처벌을 독일 대법원에 맡길 것을 요구하고 있었다. 이에 대한 동맹국과 연합국 측 2월 15일자 각서는 베르사유 평화조약 제228~230조에 의한 모든 권리를 유보한 후, 독일 각서에 유의하여 지체 없이 라이프치히 대법원에서 동맹국과 연합국 명단에 열거된 모든 독일인에 대한 형사절차를 실행하도록 요구하였다.

즉, 동맹국과 연합국 측은 나중에 보듯이 전 독일 황제 인도 문제와 함께, 그 밖의 전쟁범죄인 처벌 문제에서도 큰 양보를 한 것이다. 나아가 5월 7일에 동맹국과 연합국은 라이프치히 법원에 기소되어야 할 45명의 새로운 명단을 독일 정부에 제출하였다. 라이프치히 법원 심리는 1921년 5월 23일에 시작되었지만 판결은 총 9건, 피고인 수는 총 12명에 그쳤으며 그중에서 여섯 명이 무죄를 선고받았다. 다른 사건은 증거불충분으로 검찰총장이 절차 정지를 명령하였다.

랜도베리 캐슬호 사건

이들 판결 중에서 여러 국가들로부터 가장 주목받은 1921년 7월 16일 판결을 살펴보고자 한다. 이는 영국 병원선 랜도베리 캐슬(Llandovery Castle)호의 구명정 격침을 방조하였다는 죄책으로 당직사관이었던 해군 중위 디트마르(Ludwig Dithmar)와 볼트(John Boldt)가 기소되었던 사건이다. 이 병원선은 1918년 6월 27일 저녁, 독일 유보트 제86호로부터의 무경고 어뢰 공격으로 격침되었으며 소수 승무원이 구명정으로 옮겨 탔다. 유보트 사령관인 해군 중위 파치히(Helmut Patzig)는 구조한 장교와 병사로부터 그 배가 국제법을 위반하여 탄약 등을 적재하고 있었다는 사실을 심문하려고 했지만 그렇지 않다는 것이 판명되었기 때문에, 거꾸로 병원선 격침이 전쟁법 위반으로 간주될 것을 두려워하여 승무원을 구명정에 되돌려 보내고 사격을 명령하였다. 이에 따라 하사관이 사격을 하였으며 두 피고인은 그 장면을 지켜보는 역할을 맡았다. 구명정 두 척은 격침되었으나 나머지 한 척은 격침을 면하여 영국 군함에 구조되었다.

대법원은 이 행위의 위법성에 관하여 직접 국제법에 근거하여 판단을 내렸다. 그에 따르면 헤이그 육전규칙 제23조 (c)가 "무기를 버리거나 또는 자위수단이 없이 무조건 투항을 하는 적 살상"을 금지하고 있는 것처럼, 해전에서는 구명정으로 도피한 조난자를 죽이는 것은 관습법상으로도 금지되어 있다고 하여, 독일 형법을 적용하여 파치히(도망 중)의 행위를 형법전 제212조의 고의살인으로 간주하였다. 두 피고인은 고의살인 방조의 죄책으로 각각 4년의 금고형을 선고받았다.

이 판결은 너무 가볍다는 비판이 있었다. 단, 법원은 군형법전에 따를 때 직무 명령이 부하의 형사책임에 어떻게 관계되는지를 검토하였다. 그리고 부하는 상관 명령의 정당성 여부를 검토해야 할 의무는 없으며, 명령은 적법한 것으로 예측하여도 무방하지만, 그것이 누구 눈에도, 부하 눈에조차도, 의심할 여지없이 범죄라고 인정된다면 이 신뢰 관계는 이제는 상실된다고 하였다. 군대의 상의하달의 종속 관계에 기초하여 형이 경감된 것이다. 이 문제는 나중에 제5장에서 검토한다.

재판 중지

대법원에서의 심리 중에 동맹국과 연합국으로부터 격렬한 비판이 쏟아졌다. 특히 프랑스가 명단에 열거하고 있었던 스텡게르(Karl Stenger) 장군과 클루시우스(Benno Crusius) 소령 두 피고인의 사건에서 전자는 무죄, 후자는 과실치사로 금고 2년이 선고된 것을 문제 삼았다. 프랑스는 라이프치히 재판을 위하여 옵서버로 파견하고 있었던 정부위원을 소환하고, "심리는 심하게 편향되어 있다"고 하면서 대법원을 맹렬히 비난했을 정도였다.

연합국 측 전범연락위원회는 1922년 1월 14일에 대법원 재판을 중지시키고 앞의 유보 조건에 따라 평화조약 제228~230조에 따라야만 한다는 제안을 하였다. 대사회의도 같은 해 8월 23일 각서에서 이에 찬성하였다. 그래서 라이프치히 재판은 최초 명단에 열거된 사람들의 조사를 마치고 끝났다. 그럼에도 불구하고 연합국 측은 독일에 대하여 다시 전쟁범죄인 인도를 요구하지 않았다. 프랑스와 벨기에에서 약간의 사건에 관하여 궐석재판이 이루어진 데 그쳤다.

여러 국가의 관심은 더 이상 재판이 아니라 독일에 대한 배상금과 군축에 있었다. 역으로 말하면 바이마르 공화국의 평화정책을 향하고 있었다. 동시에 국제연맹의 전쟁 방지 시책에 기대가 몰렸다.

4. 카이저의 형사책임을 둘러싼 논의

나폴레옹과 카이저의 운명의 차이

앞에서 언급했듯이 베르사유 평화조약 제227조는 상당히 과장된 표현으로 국가원수의 전쟁책임, 즉 국제도덕에 반하여 조약의 신성을 침범한 중대한 범죄를 국제법원에서 추궁하는 길을 열었다. 이것은 보기에 따라서는 일찍이 나폴레옹이 전승국(특히 영국) 측에 의하여 부과된 정치적 구금 형식과 비슷하다. 나폴레옹의 행동과 카이저의 행동 사이에 유사성이 전혀 없었다고는 할 수 없을 것이다. 그러나 나폴레옹 전쟁과 제1차 세계대전은 역사적 맥락이 크게 다르며, 또 전쟁에 대한 국제사회 반응이나 전쟁법 발달 정도도 다르기 때문에 양자를 단순히 비교 유추하는 것은 적절하지 않을 것이다. 또한 나폴레옹은 전승국 영국 권력 내에 있었지만, 빌헬름 2세는 중립국 네덜란드 손안에 있었던 것이다. 이 차이도 양자의 운명의 차이를 가져온 것이라고 할 수 있다.

대립하는 학설

베르사유 평화조약은 1920년 1월 10일에 발효하였다. 그러면, 카이저 소추는 제227조가 규정한 것처럼 실행되었던 것일까? 이 소추를 둘러싼 논의, 그 전제로서 카이저 인도를 둘러싼 논의를 확인해 두고자 한다. 거기에는 당시 국제사회에서 전쟁범죄를 어떻게 이해하는가라는 견해 차이 내지 대립이 드러나 있었다.

인도 문제 외에 국제법원에 의한 전 황제 처벌, 사후법 내지는 법불소급 문제에 관하여 당시 법학자의 견해도 두 가지로 나뉘어 있었다. 이 대립은 직접적으로는 세계대전의 일찍이 없었던 잔혹행위에 당시의 국제법(과 국제도덕)을 적용하여 심판할 수 있을 것인가, 법적으로 심판할 수 없다고 하면 그대로 방치할 수밖에 없는 것인가, 새로운 법과 제도하에서 대처하여야 하는가, 그 경우 사후법이나 소급효 문제를 어떻게 보아야 하는가라는 법적 문제의식에 관련되는 것이었다. 그러나 더 근본적으로는 당시의, 즉 세계대전 때와 전후 국제연맹 시기의 전쟁법과 전쟁범죄, 크게 말하면 국제질서와 국제법 상황을 어떻게 이해하는가에 달린 문제였다.

파리대학 두 교수의 보고서

라르노드(Larnaude)와 드 라프라델(de La Pradelle) 두 교수가 작성한 보고서는 앞에서 말한 평화예비회의에서 배포된 것이다. 거기서 검토가 요구된 문제는 다음과 같다.

> 독일 정부와 독일 제국 군대에 의하여 이루어진 다양한 국제법 침해는 독일 헌법상 양자(정부와 군대)에 대하여 최고 권력을 그 퇴위 때까지 행사한 사람의 형사책임을 야기하는가? 그러한 침해 때문에 그 사람은 여러 관련국의 군사법원 또는 보통 법원에 의하여, 또는 이 전쟁에서 그의 군대에 의하여 이루어진 모든 국제법 위반에 대해 그 권한이 미치는 국제법원에 의하여 심판받도록 하여야 하는가? 그리고 그의 형사 책임이 증명된 경우 실제로 어떻게 그가 망명한 국가로부터 인도되도록 하는가?

이 물음에 대하여 보고서는 상세한 검토와 이론 전개를 하고 있다. 그 내용은, 전쟁범죄 관념의 전환에 있어, 나아가 국제법의 전개 내지 '새로운 국제법' 생성에 있어, 중요한 사고방식을 제시하고 있기 때문에 다소 자세하게 소개하고자 한다.

우선 4년 이상에 걸쳐 황제가 명령하거나 또는 금지하지 않고 명시적, 묵시적으로 최고의 관여를 행한 모든 행위는 전쟁범죄이다. 이들 전쟁범죄를 저지른 적 군인(황제 포함)을 체포하면 (교전국의) 군사법정에서 처벌할 수 있다. 그런데 빌헬름 2세는 포로가 되지 않았기 때문에 인도에 의하여서만 연합국 측 재판에 회부할 수 있다. 그러나 인도를 요구하더라도 만약 그가 군인으로 간주된다면, 중립인 네덜란드가 인도에 반대할 것이다. 그가 퇴위하여 더 이상 군인이 아니라면 군법에 의하여 적대 행위 중에만 재판을 할 수 있는 군사법원에 인도될 수 있을지 의문이다. 그래서 군사재판이 아닌 보통법 재판에서의 소추가 가능한지가 문제가 된다.

이 경우 전쟁범죄는 평화 회복 후나 전쟁범죄에 유죄인 사람이 군인 자격을 상실한 후(황제 퇴위 후)에 적어도 보통법의 적용(일반 법원)하에 들어갈 것인가라는 문제가 제기된다. 루시타니아호 사건 배심원이 "문명 세계의 법원(法院) 앞에서"를 원용한 것 등으로 볼 때 전 황제에 대한 보통법상의 고소가 증대되고 있지만 외국 주권자의 면제(황제 퇴위 후에도)가 있기 때문에 상대방 국가의 일반 법원에서 재판할 수 있을지는 의문이다.

그래서 빌헬름 2세를 특별한 국제법원에서 재판할 수 있는 것인가라는 문제가 제기된다. 이 점에 관하여 보고서는 다음과 같이 말한다.

> 국가원수로서의 그의 행위야말로 진정한 법적 성격, 즉 중립 위반, 전쟁법 위반과 그 밖의 국제법 범죄에 따라 그에 걸맞은 법원에 회부되어야 한다. 그 구성, 설치 장소, 권한을 찾아야 하고, 세계가 아직도 요구하고 있는 가장 엄숙한 심판을 내릴 수 있는 법원을 찾아야 한다. … 그런데 이 해결 방법을 우리에게 제공할 수 있는 것은 국제법뿐이다. 빌헬름 2세의 책임이라고 말하는 행위는 국제범죄이다. 그야말로 국제법원에 의하여 그는 재판되어야 한다.

여기에 이 보고서가 바라는 바가 감정을 실어서 서술되고 있다.

그런데 국가원수로서의 황제가 자칫하면 독일 제국과 혼동되어 황제를 심판하는 것이 제국을 심판하는 것이 된다는 점에서 곤란이 발생한다. 이는 국가가 타국 앞에서 심판을 받는 것이 되기 때문이다. 그러나 보고서는 "새로운 국제법이 태어났다. 윌슨 대통령의 메시지는 그 존재를 확인하였다"고 말하고 있다. 그 메시지에는 개인 간에서와 마찬가지로 국가(국민) 간에도 진정한 법제도가 존재한다는 사상에 포함되어 있는 원칙이 들어 있다. 진정한 법제도란, 이웃 나라로부터 그 주민의 의사에 반하여 지역을 빼앗기 위하여, 또 주민의 부를 빼앗기 위하여 전쟁을 시작하는 인민은 정치적 책임뿐만 아니라 법적 책임을 진다는 원칙이다. 이것은 요컨대 제2차 세계대전에서 문제가 되는 침략전쟁 책임 원칙의 맹아로도 해석할 수 있다.

윌슨 대통령이 말한 이러한 책임 원칙이 존재한다면, 그것은 사실상 유일한 권위를 가진 것으로 현재 국제사회 속에 존재하는 정치적 실체의 행위에 의하여서만 효과적으로 실현된다. 이 전쟁에서 독일이 졌던 책임을 확립하고, 최초의 국제 통치 행위를 하는 것은 바로 삼국협상이다.

그런데 독일 국가의 책임은 민사 또는 금전적인 것에 한정되어 있으며 형사책임은 개인에게만 관계된다. 범죄행위의 개인책임은 민간인 또는 군 책임자에게 귀속되며, 첫째로 빌헬름 2세에게 귀속된다.

이런 말에서 이미 대부분이 논증되었다. 즉, 빌헬름 2세는 국제법 범죄를 저질렀기 때문에 기소될 수 있다. 이를 심판하기 위하여 "아마도 매력적이기는 하지만 가장 실행성이 부족한 해결방법으로, 우선 국제연맹을 설립하고 이어서 국제연맹에 법원을 설치하며 또한 국제범죄에 적용되는 절차와 형벌 체계를 기초하는 방법"이 있다. 한편, 동맹국과 연합국으로 이루어진 사회는 몇 년 전부터 이미 존재하고 있다. 동맹국과 연합국은 국제적인 사실상의 정부로 행동한다. 그리고 연합 국가들만이 고등법원을 구성하는 것이다.

여기서 형법의 불소급원칙은 범죄 결정에 대한 장애가 될 수 없다. 독일 황제 명령에 의하여 저질러진 범죄는 국제관습에, 그리고 명확한 조문에, 특히 그 일부는 헤이그 제협약에 규정되어 있다. 헤이그 제협약 중에 위반에 대한 형벌은 규정되어 있지 않다. 그렇지만 형벌 규정이 없다고 해서 그런 범죄가 제재되지 않는다는 것을 의미하지는 않는다.

형벌에 관하여 "법률이 없으면 범죄는 없다"는 원칙 내지 '죄형법정주의'는 보통법 범죄에 적용되는 국내 형법에서만 완전히 유효할 뿐이다. 국내법과 국제법은 다른 발전 단계에 있다. 국제형법은 여전히 초보적 발전단계에 있다. 국제법에서 법은 행위에 대한 대응에 의하여 형성된다. 또 형벌은 판사의 양심에만 의존하며, 판사는 범인을 복수로부터 구제하기 위해 존재한다. 그리고 법원 절차는 법원 스스로 결정한다. 여기서 법 불소급을 이유로 하는 이의는 타당하지 않는다. 불소급원칙은 절차법에도 사법조직법에도 적용되지 않기 때문이다.

그러나 사법행위(司法行爲)가 공공의 양심을 감명시키려면 사법이 요구하는 보장을 수반여야 한다. 이러한 보장으로서 빌헬름 2세는 궐석재판이 아니라 출석하여 재판받지 않으면 안 된다. 그 때문에 그의 인도라는 문제가 발생한다.

행위의 정치적 성질은 정치범죄인 불인도의 이유가 된다. 그렇지만 그것은 전쟁을 계기로 하는 범죄행위의 불인도 이유가 될 수 없다. 전쟁범죄는 공법, 국제법상의 범죄이며 정치범죄는 아니다. 국가가 정치범죄인을 인도하지 않을 권리를 가지며, 나아가 불인도 의무를 진다고 하는 이유는, 프랑스 혁명 이래 통치형태를 변경하거나 독재 권력을 입헌적 권력으로 변경하기 위한 투쟁은 다툴 수 없는 정당성을 가진다고 간주되어 왔기 때문이다. 거기에서 정치범 불인도 조항이 생겨났다. 그러나 이러한 사상투쟁과 제1차 세계대전의 과정에서 독일 황제에게 귀속되는 책임 사이에는 어떠한 관계가 있을까? 독일 황제에게 귀속되는 범죄는 국제공법상의 범죄이다. 더욱이 정치범죄와 국제범죄의 차이는 인도 요청 형식에도 반영되어 있다. 범죄인 인도 요구는 개별 국가가 그 형법으로 개인을 심판하여 그 주권을 존중하도록 하기 위한 것이다. 그러나 국제범죄의 인도 요구는 국제법 적용을 도모하기 위하여 동맹국과 연합국 그룹이 제기하는 것이다.

결국 보고서는 다음과 같이 결론을 맺고 있다.

과거 국제법도 현재 국제법도 황제가 재판될 것을 요구한다. 즉, 'Ad hoc(특별)'으로 설립된 국제형사사법 고등법원으로부터 도출되는 이 판결은 구속력이 있는 보편적 가치를 가진다. 국제법의 생사, 국제사회의 미래가 여기에 걸려 있다. 동맹국 또는 연합국 교전국은 그 운명을 수중에 넣고 있다.

이러한 국제사회관과 국제법관은 대전 직후 동맹국과 연합국(특히 프랑스계) 학자들이 구축 · 전개하고 있었다. 그로부터 각종 전쟁범죄를 저지르거나 명령하였던 전 독일 황제가 신국제법원에 소추될 필요성이 도출되었다.

독일 학자의 견해

위 보고서와 완전히 대립하는 견해를 나타내었던 것은 독일 법학자 옐리네크(Jellinek)가 1919년의 〈독일 법률신문〉에 빌헬름 2세에 관하여 발표하였던 논문이다. 그 논문에 따르면 우선 빌헬름 2세가 네덜란드 · 벨기에 국경을 넘기 전에 퇴위를 표명하고 있었기 때문에 국경을 넘고 나서 그는 이미 황제도 왕도 아니고, 사관(士官)도 아니며, 단순한 일개 독일 시민이 되어 있었다. 그렇기 때문에 다음과 같은 결과가 도출된다고 한다.

1. 그는 네덜란드에 의하여 인도되지 않았으며 또 인도될 수 없었다.

2. 그가 국경을 넘을 때 이미 '교전국 군대'에 속하지 않으며 전쟁법에 따라 억류될 수 없었다.

3. 그는 외국으로 도망갈 때 국기를 버리지 않았다.

연합국 법률가의 생각에 따르면 빌헬름 2세는 무제한 잠수함전을 명령함으로써 전쟁법을 위반하였으며, 그 밖에 살인과 학살 선동으로 고발되었다. 그러나 연합국은 올바른 문을 두드리지 않았다. 설령 잠수함전이 국제법 규칙을 위반한 것을 인정한다고 하더라도 그 책임을 지는 것은 국가이며 황제가 아니다. 더욱이 현실에서 잠수함전은 국제법 위반이 아니었다. 그것은 기껏해야 '새로운 법사상'을 위한 투쟁이었다. 그러므로 그것은 '야만행위'나 '산적행위'와는 현격하게 다르다.

빌헬름 2세 인도 문제에 관하여 네덜란드가 체결한 몇 가지 인도조약에는 동일한 규정이 포함되어 있으며, 원칙적으로 인도는 청구국 영역에서 저지른 범죄에 관해서만 허용된다. 또 인도조약은 정치범에는 적용되지 않는다. 이러한 고찰로부터 '범죄 장소', '살인이 아니라 독일 제국의 전쟁 방식에 대한 협의', '연합국에 의한 독일 제국에 대한 관할권 강탈', '범죄행위의 정치적 성격' 때문에 네덜란드는 빌헬름 2세의 인도를 거부할 수 있으며 또한 거부하여야 한다.

나아가 불소급 문제에 관하여 미국은 헌법이 어떠한 소급 형법도 명시적으로 금지하고 있으므로(제1조 제9항 3) 빌헬름 2세에게 처벌을 가하는 것은 생각할 수 없다. 프랑스인은 1789년 권리선언 제8조에서 처벌은 "위반 이전에 확립되고 공포된 법률에 의하여"서만 허용된다고 표명하는 선언을 상기할 수 있을 것이다. 그리고 미국과 프랑스가 빌헬름 2세의 인도 요구를 할 수 없다면, 영국 또한 그 요구를 포기할 것이다. — 옐리네크는 이렇게 말한 것이다.

대립하는 두 가지 견해의 기초에는 공법 개념의 차이가 있다. 연합국은 전쟁 중에 통치자들이 개인적이고 형사적인 책임을 지는 것으로 간주하도록 모든 수단을 사용해 끊임없이 요구했다. 하지만 그것은 연합국 국내법을 반영한 것이었다. 반대로 독일 이론에 따르면 국가는 인격이며 주권자는 국가 인격과 구별되고, 주권자가 한 공적 행위를 개인 행위와 동일시할 수 없으므로 국가가 저지르는 잘못은 주권자가 저지르는 잘못과 다르다. 프랑스의 뒤기(Duguit)가 말하는 "국가의 권한이나 의무에 대해서 말해서는 안 되며, 통치자와 그들의 대리인의 권한에 대하여 말해야 한다"고 하는 테제가 빌헬름 2세에 대한 연합국 태도와 일치한다.

덧붙여서, 만약 법원이 설립되었다면 불소급 문제는 최대 쟁점이 되었을 것이다. 이에 관하여 독일 법학의 대가 중 한 명인 예링(Jehring)은 "불소급의 발단은 자의를 피하는 것이다. 그러나 사회의 목적은 자의를 방지하는 것이 아니라 정의가 지배하도록 하는 것이다. 그 결과 법전이 규정하지 아니한 이상한 퇴폐가 증명된다면 사회는 불소급원칙 때문에 무장해제 해서는 안 된다"고 말한다. 불소급원칙의 예외는 일찍이 없었던 제1차 세계대전의 (전쟁법 위반의) 잔혹행위에 적용될 수 있는 것으로도 보인다. 통상적인 국내 형법은 여기에서 무장해제 되지만, 국제법은 무장해제 되어서는 안 된다. 예링의 표현에 의하면, 제1차 세계대전은 법률이 예견하지 않았을 뿐만 아니라 또한 예견할 수 없었던 이상한 퇴폐 중 하나에 직면했기 때문이다.

네덜란드의 인도 거부

1920년 1월 16일, 평화회의 사무총장은 클레망소(Clemenceau)가 서명한, 전 독일 황제 인도를 요구하는 서한을 네덜란드 장관에게 보냈다. 그 속에 다음과 같은 말이 있다.

> 국제조약의 계획적인 위반은 국제법의 가장 신성한 규칙을 체계적으로 무시하는 것이다. 평화회의는 국제조약을 계획적으로 위반하였다는 이유로 최고 지위에 있는 사람을 포함한 모든 사람에 대하여 특별한 제재를 인정할 것을 명확하게 요구한다. 이는 취소할 수 없는 사유이다. 네덜란드 정부는 이런 사유에 관여하고 있다. 국가들은 다수의 범죄 중에서도 특히 벨기에와 룩셈부르크의 중립에 대한 파렴치한 위반, 야만적이고 냉혹한 인질제도, 대량추방, 릴(Lille) 지역 소녀들을 납치하고 가족으로부터 빼앗아 간 것, 군사적 이익이 없는 모든 영역을 체계적으로 황폐화한 것, 대양에서 비인도적으로 희생자를 방치한 것을 포함한 무제한 잠수함전, 독일 당국이 전쟁법을 무시하고

> 비전투원에게 행한 무수한 행위 등을 상기한다. 이들 모든 행위로부터, 그런 행위를 명령한 최고책임자, 또는 사람의 양심의 가장 신성한 규칙을 위반하거나 위반시키기 위하여 그 모든 권한을 남용한 최고책임자에게로까지 적어도 도의적 책임이 환원된다. … 네덜란드가 저질러진 범죄를 추궁하거나 적어도 그 처벌을 방해하지 않기 위하여, 수단이 허용하는 범위 내에서 다른 국가들과 협력하기를 거부한다면 국제 의무를 다하지 않는 것이 될 것이다.

여러 국가들이 베르사유 평화조약 제227조의 이행을 확보할 의무를 지는 것은 "보편적 양심에 의하여 부과된 고도의 국제정치행위"가 문제되기 때문이라는 것이다.

클레망소 서한에 대한 1월 24일자 네덜란드 정부 회신에서 네덜란드는 우선 제227조로부터 도출되는 모든 의무가 베르사유 평화조약 당사국이 아닌 네덜란드의 의무를 결정하는 데 유효하지 않다는 것을 지적하고 인도를 거부하였다.

> (네덜란드 정부는) 전쟁의 기원에 관해서는 전혀 관여하지 않았으며 … 마지막까지 중립을 유지하였다. 따라서 … 동 정부는 여러 국가들의 고도의 국제정치행위에 가담할 국제적 의무를 인정할 수 없다. 혹시 장래에 국제연맹이 전쟁의 경우에 범죄라고 하는 행위를 심판하기 위하여, 그리고 행위시 이전의 규정에 의하여 제재가 부과되는 행위를 심판하기 위하여, 권한 있

> 는 국제관할권이 설정된다면, 네덜란드는 이 새로운 제도에 참여하게 될 것이다. … 네덜란드에는 항상 네덜란드를 국제분쟁에서 진 사람을 위한 피난지로 만들어 온 전통이 있다. 이는 옛날부터 내려오는 존경해야 할 전통이다. (네덜란드 왕국 헌법도 또한) 이런 전통도 네덜란드 정부가 이런 법률과 이런 전통의 이익을 전 황제로부터 빼앗음으로써 여러 국가들이 바라는 바에 호응하도록 허용하지 않는다.

1920년 2월 15일에 새로운 각서가 네덜란드와 독일에 송부되었다. 그것은 다소 부드러운 표현을 쓰기는 했지만, 인도 요구가 받아들여지지 않은 것을 유감이라고 하고, 다시 한 번 인도 요구 이유를 밝혔다. 이에 대하여 네덜란드 정부는 3월 6일에 다시 각서를 보내 반박하였다. '동맹국과 연합국' 측과 네덜란드의 이 같은 각서에 의한 응수가 반복되었지만 결국 사태는 변화하지 않았고, 인도가 이루어지지 않은 채 사태는 표류하였다.

독일의 이의제기

독일 정부는 베르사유 평화조약에 있는 이들 형벌 규정에 대하여 거듭 이의를 제기하고 있었다. 이미 1919년 5월 7일, 독일 외무장관 브로크도르프-란차우(Brockdorff-Rantzau) 백작의 연설에서 전승국이 패전국에게 "패자로서 배상을 하도록 만들고 죄인으로서 가하려고" 하고 있는 일에 항의를 하였다. 나아가 몇 개 각서에서 중립국에 의한 전쟁 책임 조사를 요구하였다. 그리고 29일 각서에 첨부된 진정서에서 제227조에 규정되어 있는 특별법원이 국제법상 아무런 법적 근거도 없으며 예외적인 법원이라고 해야 할 것으로서, 소급 효력을 가지는 예외적인 법률을 적용하려는 것이라고 이의를 제기하였다.

결국 독일 정부는 평화조약 수락에 즈음하여 제227~230조에 서명할 수 없다고 하면서 유보를 하였다.

5. 국제연맹과 전쟁관념의 전환

전쟁의 위법화

위에서 말한 바와 같이 카이저의 책임 추궁이 실패로 끝난 것은 그의 인도와 국제재판이라고 하는 절차가 제대로 진행되지 않았기 때문이지만 그 밖에 법의 실체에 비추어 보아도 그를 최고 범죄자로 처벌하는 데는 무리가 있었다. 카이저의 행위가 국제법보다도 '국제도의'에 위반된다고 말하지 않을 수 없었던 것도 그 증거이다. 바꾸어 말하면 제1차 세계대전까지의 국제법에서는 그러한 전쟁을 시작하는 것 자체를 위법으로서 처벌하거나, 나아가 범죄로서 그 책임자를 처벌하는 제도는 존재하지 않았다.

그러나 카이저의 전쟁행위를 계기로 전후 세계대전의 잔혹함을 비난하고 전쟁 금지를 요구하는 국제여론이 조성되었고 이를 배경으로 베르사유 평화조약 제1편으로 편입시킨 국제연맹규약에서 전쟁의 금지 · 제한이 규정되기에 이르렀다. 단, 연맹규약 전문에 체약국이 "전쟁에 호소하지 않을 의무를 수락하고"라는 문언이 있지만, 전쟁을 완전히 위법화하지는 못했다. 거기에서는 연맹국 간에 국교 단절을 초래할 수 있는 분쟁이 발생하면 먼저 그것을 중재재판 또는 사법적 해결이라고 하는 평화적 수단에 호소함으로써 전쟁이 일어나는 것을 늦추고자 하는, 이른바 전쟁 모라토리엄이 규정되었다. 그리고 이 모라토리엄에 반하는 등 연맹규약상의 약속을 무시하고 전쟁에 호소한 연맹국에 대해서는 다른 모든 연맹국이 무력을 포함한 제재를 가하도록 예정되어 있었다.(연맹규약 제16조)

이러한 불완전한 전쟁위법화의 규정 양상에 대해서는 그 후 여러 가지 보완 시도가 이루어졌다. 그중에서도 1924년의 국제분쟁의 평화적 처리에 관한 제네바의정서는 그 전문에서 "침략전쟁이 국제공동체에 속한 국가들의 연대관계 침해와 국제범죄를 구성한다"고 함으로써, 연맹규약을 개정하여 연맹규약과 이 의정서의 약속을 위반하여 전쟁에 호소하는 국가를 침략국으로 간주하였다.(제10조) 그러나 이 의정서는 비준되지 않아서 발효하지는 않았다.

한편, 미 국무장관 켈로그(Frank B. Kellogg)와 프랑스 외무장관 브리앙(Aristide Briand)의 제창으로 1928년 8월 27일에 서명된 '전쟁의 포기에 관한 조약(부전조약)'은 획기적인 것이었다. 이 조약에는 당시의 대다수 국가가 참가하였다. 뿐만 아니라 이 조약은 국제분쟁 해결을 위하여 전쟁에 호소해서는 안 된다고 하여 국가 정책 수단으로서의 전쟁 포기를 선언하였다. 미국이 전쟁 포기에 자위권을 유보했지만, 부전조약에 의하여 처음으로 국제사회에서 일반적으로 전쟁이 금지되기에 이르렀다. 즉, 전쟁을 하는 것이 위법하게 되었다. 일반적으로 전쟁을 합법이라고 간주하고 있었던 무차별전쟁관에 입각한 제1차 세계대전까지의 국제사회 질서를 부전조약이 역전시켰다. 전쟁관념 전환은 국제사회의 법구조를 근본적으로 변경하는 것을 의미한다. 이는 전쟁범죄의 의미에 관해서도 발상 전환 내지 새로운 발상을 촉구하는 것이었다.

전쟁은 국제범죄인가

전쟁 위법화는 위법하거나 침략적인 전쟁의 국제책임 귀속에 관하여 국가 책임과 개인 책임이라고 하는 두 가지 문제를 야기하지 않을 수 없다.

우선 국가 책임은 연맹 시대에 몇몇 학자들이 국가범죄를 인정하려고 하는 이론 구축을 시도하였다. 가장 대표적인 학자 중 한 사람인 루마니아 국제형법학자 펠라(Vespasian Pella)는 부전조약 체결 전에 저서 『국가의 집단적 범죄와 장래의 형법』(제2판, 1926)에서 다음과 같이 말하였다.

> 침략전쟁은 범죄이다. 최근 전쟁의 비참함을 경험한 뒤 인류가 도달한 것이 바로 이 개념이다. 여기에 도덕적 관점에서 본 여러 인민의 커다란 투쟁의 가장 중요한 결과가 있다. 전쟁은 더 이상 허용될 수 없다.

펠라는 특히 미국 여론이 오늘날 거의 한 목소리로 전쟁의 범죄성 관념을 인정하고 있으며, 그 관념은 'outlawry of war'라는 표현으로 구체화되어, 이제 전쟁은 법의 울타리 밖에 놓이게 되었다고 보았다. 그로부터 국제처벌법 구축을 시도하는 것이다.

펠라는 "이 국제처벌은 우리가 약간의 과학적 원칙에 따라 적용해야 할 사회적 외과(外科)로서만 출현할 수 있다. 그리하여 이 범죄의 처벌 실시는 예방 실시와 완전히 합치하여 이루어져야 한다"고 말하면서, 예방과 처벌이라고 하는 이중 관점에서 침략전쟁의 범죄성 문제를 검토하였다. 전쟁이 구상되고 조직되는 방식을 보면 전쟁이 집단적 범죄의 전형적인 경우라는 것이 증명된다. 한편, 개인적 범죄에 관한 여러 원칙을 단순하게 전쟁의 경우에 적용할 수는 없다. 집단 범죄와 개인 범죄는 기본적으로 다르다. 국제범죄로 생각되는 침략전쟁은 집단 심리의 여러 원칙에서 출발하여 연구되어야 한다고 생각하였던 것이다.

또한 이 책의 제2판이 나온 뒤, 국제연맹 제8차 총회는 1927년 9월 24일 결의로 다시 한 번 전쟁에 대하여 국제범죄로서의 성격을 부여하여, 모든 침략전쟁이 금지되며 그 금지는 계속되는 것이라고 선언하였다. 1928년의 부전조약 체결 직후 펠라는 국제의회연맹(Inter-Parliamentary Union)에서 '전쟁의 범죄성과 켈로그조약(부전조약)에 관한 약간의 전망'이라는 제목의 강연에서 이 문제를 다시 논하였다. 그는 강연에서 부전조약의 규정과 정신으로부터 처벌 문제 해결이 가장 중요하게 되었다고 하면서 그 해결을 위하여 국제질서를 중대하게 침해하는 성질의 행위(침략전쟁)를 한 기관에 대하여 형사제재를 선언하기 위한 국제형사법원을 설치하고 여러 국가들이 처벌 법전 초안을 작성할 것을 권고하였다.

전쟁법은 소멸하는가?

더욱이 이 강연에서 펠라는 부전조약을 통해 "전쟁법과 평화법이라고 하는 전통적인 분리는 당연히 소멸되어야 한다"고 하고, 나아가 전쟁법, 즉 범죄의 법을 생각하는 것이 불가능하게 될 것이라고까지 말했다. 그러나 펠라는 곧바로 다음과 같이 덧붙였다. 그렇다면 연맹국과 부전조약 가맹국이 무력에 호소하는 것은 야만적인 방식으로, 또 전쟁의 관습과 법률이 금지한 수단에 의하여 이루어질 수 있는 것일까.

연맹규약 제16조에 따라 제재로서 무력에 호소하는 경우에도, 국가가 행동 자유를 가지는 다른 경우에도, 연맹규약이 금지한 전쟁과 전쟁에서 일어날 수 있는 위반을 혼동하는 것은 피해야 한다. 무력을 행사할 때 모든 국가는 약간의 인도적 규칙을 존중하지 않으면 안 된다. 침략국에 대한 군사제재 이행의 경우에 가장 기본적인 인도적 규칙을 위반한 행동을 하는 국가는 그런 행위 때문에 책임을 지게 될 것이다. 한편, 침략국이 스스로 선언한 전쟁에서 이러한 야만적 행위를 하면 그 범죄성이 이중적인 것이 된다는 것은 명확하다. 침략국은 전쟁 선언이라고 하는 첫 번째 행위에 의하여 죄를 짊어지며, 제재 가중을 초래하는 성질의 다른 특별한 범죄 때문에도 죄를 짊어지게 된다. 그런 까닭에 전쟁 호소 금지와 국제무력분쟁에서 범하는 일정한 중대 행위 처벌 사이에 모순은 없다고 본다.

이는 전쟁범죄 문제에 전쟁위법화를 투영하는 경우 중의 하나이다. 위법한 전쟁 또는 침략전쟁에 전쟁법, 특히 인도적 규칙의 적용 여부 문제는 1934년 국제법협회 부다페스트 해석 결의 속에서 일정한 방향성이 주어졌다. 펠라에 따르면 부전조약이 전쟁법·중립법 적용에 다음과 같은 구별을 도입하였다고 한다. 한편으로는 침략국이건 희생국이건 모든 교전국에 평등하게 적용되어야 할 규칙으로서 헤이그 육전규칙과 제네바(적십자)협약, 1929년 포로협약 등의 일반 조약에 따른 인도적 성질의 의무들이 거론된다. 다른 한편으로는 부전조약을 위반한 교전국에게는 그 이익 향유가 법상 당연히 인정되는 것은 아닌 규칙으로서 중립법, 영토변경 승인제도, 침략자가 얻은 다른 이익이 거론된다. 공격을 받고 있지 않은 제3국은 부전조약 위반국에 대하여 더 이상 중립법상의 의무에 구속되지 않지만, 중립법상의 의무는 침략국을 구속한다는 것이다.

이처럼 전쟁위법화의 효과는 인도적 규칙을 제외한 전쟁·중립 규칙을 침략국에게 불리하게 차별 적용하는 형태로 제시되었다. 단, 침략전쟁에 대한 국가책임을 일반적으로 정식화하는 것은 전간기(戰間期)[2]에는 제시될 수 없었다. 이 문제는 마지막 장에서 국가의 보상책임과 관련하여 다시 언급할 것이다.

---

2) 제1차 세계대전과 제2차 세계대전 사이 기간.

위법전쟁으로 인한 국가 책임과는 별도로, 전쟁법 중에서도 인도적 규칙은 침략국과 희생국 그리고/또는 침략국을 제재하는 국가 모두에게 평등하게 적용되어야 한다고 생각되었으므로 그런 국가들 중의 어떠한 국가가 인도적 규칙을 위반하더라도 전쟁범죄로 간주되어야 한다. 그 결과, 종래와 같이 그 군대 구성원이 인도적 규칙을 위반한 국가는 배상책임을 지며, 그 구성원은 개인적으로 전쟁범죄의 죄책으로 처벌될 수 있다.

국제형사법원규정(規程)의 도모

연맹시대에 전쟁위법화 흐름 속에서 개인의 전쟁범죄를 처벌하기 위한 국제형사법원을 설립하자는 제안이 연이어 제기되었다. 이들 제안은 베르사유 평화조약이 국제형사법원에 대하여 규정하지 않았던 것, 또 카이저 조항과 라이프치히 대법원의 결실이 적었던 결과를 염두에 두고 그 결점을 보충하려고 한 것이었다. 그러나 이는 동시에 국내 형법의 구성요건을 국제사회에서의 국제범죄 성립에도 적용시키려고 하는 등, 극히 어려운 작업이기도 하였다. 그것은 국제사회에 전례가 없는 형사법원을 창설하려고 하는 것이다.

예컨대 국제법협회(International Law Association)는 1922년 부에노스아이레스 대회에서 벨로트(Hugh H. L. Bellot, 영국)가 전쟁범죄를 심리하기 위한 상설국제형사법원 설치를 제안한 것이 발단이 되어 1924년 스톡홀름 대회에서 벨로트의 제안을 검토하였다. 벨로트 안(案)에서 상설국제형사법원의 관할권은 단순한 전쟁범죄와 전쟁 중에 저질러지는 인도에 반한 죄에 한정되며, 또 전쟁범죄의 구성요건은 성문 국제법과 불문 국제법에서 도출되는 전쟁의 법규관례에 따라 정하여진다고 하였다(단, 이 안에서 인도에 반한 죄는 1919년의 경우와 마찬가지로 정의가 없다). 1926년 비엔나 대회에는 벨로트, 필리모어(Phillimore) 경, 펠라 등이 협력하여 작성한 초안이 제출되었다. 그에 따르면 법원의 관할권은 국제법 위반의 전쟁행위(전쟁 중의 인도에 반한 죄를 포함)뿐만 아니라 평시에 처벌되어야 할 국제법 위반, 국제적으로 중요한 형사사건, 연맹이사회가 법원에 회부하는 사건 등에도 미치는 것으로 되어 있었다. 또 이 초안에서는 개인의 형사책임뿐만 아니라 국가의 형사책임이 도입되었다. 이는 펠라의 영향과 이 대회 직전의 국제형사법학회 제1회 대회 결의의 영향을 받은 것이었다.

하지만 전간기에는 이러한 노력이 결실을 맺지 못하여 국제형사법원은 현실되지 못하였다. 오히려 나치의 정권 장악과 유태인 박해, 이어서 당시의 국제법마저 무시하였던 제2차 세계대전 개시와 전쟁 과정에서의 대량의 비인도적 행위가 이루어지는 가운데, 국제형사법원 설치 준비가 착착 진행되었다. 그와 동시에 전쟁범죄에 관해서도 종래의 전쟁법 위반에 추가되어 새로운 전쟁범죄 관념이 등장하였다.

Ⅲ

국제군사재판에서 심판받은 것

—'뉘른베르크 재판'과 '도쿄 재판'

1. 사상 최초의 국제군사재판

제2차 세계대전의 경과

1930년대에 들어서자 국제적인 긴장이 높아졌다. 유럽에서는 1933년 1월, 독일에서 히틀러가 권력을 장악한 것을 시작으로 일본에 이은 독일의 국제연맹 탈퇴, 1935년 3월의 독일 재군비 선언, 1937년 11월의 일본 · 독일 · 이탈리아 방공(防共)협정 성립 등을 계기로 베르사유 체제는 붕괴를 맞이하였다. 그리고 1938년 10월, 독일군은 주데텐(Sudeten)에 진주하였고, 1939년 3월에는 보헤미아(Bohemia) · 모라비아(Moravia)를 합병하였으며, 메멜(Memel)을 점령하는 등 군사행동을 개시하였다. 1939년 9월, 독일군이 전격적으로 폴란드를 침공하자 영국과 프랑스는 즉각적으로 독일에 선전포고를 하여 제2차 세계대전이 시작되었다. 독일은 주변국들을 점령하고 거의 전 유럽으로 전선을 확대해 갔다. 이탈리아는 독일과 손을 잡고 추축국의 일원이 되어 이 대전에 참가하였다. 한편, 독일과 전쟁상태에 들어간 많은 국가들은 1942년 1월, 연합국공동선언에 서명하고 추축국에 대하여 공동전선을 형성하여 싸웠다.

태평양 지역에서는 이미 1931년 만주사변, 1937년 중일전쟁 이래 중국 대륙에서 전쟁이 수렁으로 빠져들었고 1941년 12월에 일본군의 진주만 공격으로 미일전쟁에 돌입하였다. 일본군은 남진하여 동남아의 여러 지역을 점령 · 지배하고 또 서태평양을 중심으로 미군과 전투하였다.

이처럼 세 추축국 대 다수 연합국의 구도 아래서 세계 규모로 전개되었던 제2차 세계대전은 유럽에서는 1943년 7월에 무솔리니(Benito Mussolini)의 실각에 이은 이탈리아의 무조건 항복, 독소전 교착과 연합군의 노르망디(Normandie) 상륙에 의한 전황 변화에 영향을 받아 1945년 4월에 히틀러(Adolf Hitler)가 자살하고 5월에 독일군이 무조건 항복을 함으로써 막을 내렸다. 태평양에서는 마지막으로 남은 일본이 무수한 본토 폭격을 받아 군사적으로는 거의 괴멸된 상태 속에서 독일 항복 몇 달 후인 1945년 8월에 포츠담(Potsdam)선언을 수락하고 연합국에 항복하였다. 이리하여 제2차 세계대전의 군사행동은 종결되었다.

일반 주민 피해의 급증

이 대전에서 한편으로는 현대 과학기술을 구사한 항공기 · 군함 · 무기 등의 군사적 수단이 대량으로 사용되었으며, 다른 한편으로는 전장뿐만 아니라 배후지 일반 주민에 대해서도 대규모의 무차별적인 공격이 이루어졌다. 그 결과 군인뿐만 아니라 무수한 일반 주민도 전쟁희생자가 되었다. 지상전 군인 사상자보다 오히려 점령지 내외에서 민간인 희생이 현저하였던 것이다. 특히 나치 독일이 유태인을 중심으로 수백만 명에 이르는 방대한 수의 민간인 · 일반 주민을 추방하고 강제수용소로 옮겨 살해하는 등 비인도적 행위는 극한에 도달하였다. 중국 대륙과 동남아시아 지역에서도 일본군의 비인도적 행위로 무수한 일반 주민이 죽거나 다쳤으며 포로도 학대를 받았다. 또 항공기 발달로 독일 루르(Ruhr) 지대 폭격이나 도쿄 공습 같은 도시 폭격도 대규모로 이루어져서 다수 시민이 죽거나 다쳤다. 그리고 마침내 항공기로 원폭을 투하하는 일까지 일어나 인류가 알지 못했던 사태가 출현하였다.

추축국의 잔혹행위

제2차 세계대전에서는 제1차 세계대전의 피해를 훨씬 웃도는 일찍이 없었던 희생자가 나왔다. 그 원인 중에는 전쟁수단의 잔혹화와 이른바 총력전화 외에도, 특히 독일과 일본의 국내체제와 전쟁 성격의 침략성도 거론된다. 즉, 이들 국가는 이미 전쟁 전에 나치즘과 군국주의가 정치를 지배하고 인권을 무시하는 국내 전제체제를 수립하였으며 전쟁을 계기로 그런 전제체제를 주변국과 자기 세력권에도 도입하려고 하였다. 그것이 외국에서 주민의 갖가지 저항에 부닥치자 인간성을 무시하는 잔혹행위가 더욱 아무렇지도 않게—뒤에 보는 바와 같이 상관 명령에 의한 제도 범죄로서— 행하여짐으로써 주민 피해는 급증하였다.

당시의 국제사회, 실질적으로는 주요 연합국 측은 특히 추축국 측의 이러한 위법한 전쟁과 그 잔혹행위에 대하여 새로운 전쟁범죄 개념을 만들어냄으로써, 그리고 그러한 새로운 전쟁범죄를 저지른 적국의 개인을 국제법원에서 처벌하는 제도를 만들어냄으로써 대처하려고 하였다. 단, 새로운 범죄의 구축은 쉬운 일이 아니었다. 그것은 '전후'의 국제재판 과정에서 공식화되고 정교하게 되어 갔다.

뉘른베르크 국제군사법원의 설치

주요 연합국인 미국 · 영국 · 프랑스 · 소련은 1945년 8월 8일, '유럽 추축국의 주요 전쟁범죄인 소추와 처벌을 위한 협정'(런던협정)과 그 부속서로서 '국제군사법원 조례'(이하 '뉘른베르크조례' 또는 '조례'라 한다)를 작성하였다. 이에 근거하여 이 4개국 법관으로 구성된 뉘른베르크 국제군사법원이 이번에는 정말로 설치되었다. 법원 관할권은 조례 제6조에서 '평화에 대한 죄', '전쟁범죄'와 '인도에 반한 죄'를 범한 사람에게 미친다고 되어 있었다. 이들 세 범주의 범죄 내용과 그것이 재판에서 어떻게 적용되었는지에 관해서는 차례대로 검토할 것이다.

결과적으로 이 법원은 독일의 주요 전쟁범죄인 24명(그중 한 명은 자살, 또 다른 한 명은 병으로 심리 제외)을 피고인으로 하여 1945년 11월 20일에 심리를 개시하여 1946년 9월 30일과 10

월 1일에 판결을 내렸다. 그 결과 괴링(Hermann Göring) · 헤스(Rudolf Hess) · 리펜도르프(Joachim von Ribbentrop) · 카이텔(Wilhelm Keitel) 등 10명에게 교수형, 3명에게 무기금고형, 2명에게 금고 20년, 1명에게 금고 15년, 1명에게 금고 10년이 부과되었고, 3명은 무죄를 선고받았다. 그 밖의 전쟁범죄인은 독일의 미 · 영 · 불 관리지역을 비롯하여 전쟁 피해를 입었던 많은 유럽 국가에서 수사 · 체포 · 기소가 이루어졌다. 특히 미국 점령 지역에서는 모사건(母事件)에 해당하는 뉘른베르크 판결을 공식적으로 알리고 이행하기 위하여 군사법원이 설치되었다(후술하는 독일관리 이사회 법 제10호에 근거한 뉘른베르크 미 군사법원 참조).

또한, 대전 중에 추축국 측으로부터 이탈한 이탈리아의 전쟁범죄인은 연합국 중에서 이탈리아를 점령하였던 미 · 영 연합군 사령부가 수사를 하여 이탈리아 국내에 설치된 미 군사위원회 등에서 심판하였다. 나아가 오스트리아, 이탈리아, 루마니아, 헝가리, 불가리아와 같이 추축국 측에 가담하였던 국가에서도 전쟁범죄인을 국내법원이나 '인민재판'에서 심판하였다.

극동국제군사법원의 경우

한편, 도쿄 극동국제군사법원은 1946년 1월 9일, 연합국 최고사령관 맥아더(Douglas MacArthur)가 공포한 '극동국제군사법원 설치에 관한 명령'에 근거하여 설치되었다. 판사는 미국 · 영국 · 프랑스 · 소련 · 네덜란드 · 중국 · 캐나다 · 오스트레일리아 · 뉴질랜드 · 인도 · 필리핀의 11개국 출신으로 구성되었다. 이 명령에 부속된 극동국제군사법원 조례(이하 '극동조례'라고 한다) 제5조에는 뉘른베르크조례 제6조와 마찬가지로 이 법원의 관할권이 미치는 것으로 위 세 범주의 범죄가 열거되었다.

일본의 주요 전쟁범죄인 28명(그중 2명은 결심 전에 병사, 1명은 정신이상으로 심의에서 제외)을 피고인으로 하여 1946년 5월 3일에 심리를 개시하여, 1948년 11월 4~12일에 판결이 선고되었다. 25명 전원이 유죄로, 도조 히데키(東条英機) 등 7명은 교수형, 16명은 무기징역, 1명은 금고 20년, 1명은 금고 7년이 부과되었다. 또한 그 밖의 전쟁범죄인은 제2차 세계대전 중 일본군이 점령하였던 여러 지역에서 태평양 지역 미군 최고사령관이 설치한 군사위원회나 몇몇 국가의 대표로 이루어진 국제위원회에서 재판을 받았다(후술하는 야마시타(山下) 재판도 그중 하나).

2. '평화에 대한 죄'의 정식화

침략전쟁의 개인책임

제1차 세계대전 후의 전쟁위법화 흐름의 영향으로 침략전쟁을 국제범죄로 간주하는 것은 침략전쟁을 행하는 국가 자체의 책임추궁 문제를 제기하였다. 즉, 그런 생각이 침략전쟁의 국가범죄성을 제기하였던 것은 앞에서 말한 바와 같다. 그런데 실제로 제2차 세계대전이 일어났을 때 연합국 측은 추축국의 국가범죄성을 국가 자체보다 국가 기관의 지위에 있는 사람의 개인책임으로 추궁하려고 하여, 추축국의 개인 전쟁범죄로 처벌하는 데 관심을 기울였다. 그리고 제1차 세계대전 때의 카이저 처벌 실패를 반복하지 않도록 신경을 썼다.

뉘른베르크조례 제정에 관한 유럽 추축국의 주요 전쟁범죄인 소추를 위한 이사회에 미국 대표로 출석하였던 잭슨(Robert H. Jackson) 판사는 1945년 6월 6일, 미국 대통령에게 보낸 보고서 속에서 다음과 같이 말하였다.

> 이번 세계대전이 세계 문명에 충격을 준 후, 초기 국제법 법리에, 또 더 건전한 국제법 법리에 현저하게 복귀하는 것을 볼 수 있었다. 나치가 집권할 무렵까지 침략전쟁을 시작하거나 배신행위로 전쟁을 시작하는 것은 위법이라는 것은 국제법상 완전

하게 확립되어 있었다. 그리고 침략전쟁이나 배신행위에 의한 전쟁 개시 기도(企圖)에 종사한 사람에 관해서는 그것이 합법적인 전쟁이라고 변호할 수 없다는 것이 완전하게 확립되어 있었다. 지금이야말로 우리가 침략적인 전쟁수행은 위법이며 범죄라는 재판 원칙에서 행동하여야 할 시기이다.

이러한 생각이 조례에 반영되었던 것이다.

뉘른베르크조례
제6조

조례 제6조 (a)는 법원이 "한 개인으로서 또는 조직의 일원으로서 다음 범죄 중 하나를 범한 사람을 재판하고 처벌하는 권한을 가지는 것으로 한다"고 하면서 평화에 대한 죄를 다음과 같이 정의하였다.

> 침략전쟁, 또는 국제 조약 · 협정 · 서약을 위반하는 전쟁을 계획하고 준비하고 개시하고 실행한 것, 또는 이들 행위를 달성하기 위한 공통 계획이나 공동모의에 참가한 것.

조례는 두 종류의 평화에 대한 죄를 구별하고 있다. 하나는 침략전쟁, 또는 국제조약위반전쟁의 계획 · 준비 · 개시 또는 실행이며, 다른 하나는 이 중 어느 하나를 달성하기 위한 공통 계획 또는 공동모의에 참가하는 것이다. 기소장도 이러한 구분을 따랐다. 기소장의 첫 번째 소인(訴因)은 평화에 대한 죄뿐만 아니라 전쟁범죄와 인도에 반한 죄의 그러한 공통 계획 또는 공동모의이며, 두 번째 소인은 침략전쟁 또는 조약위반전쟁의 계획·준비·개시와 실행이다.

뉘른베르크 법원 판결은 다음과 같이 말하고 있다.

> 피고인이 침략전쟁을 계획하고 실행하였다는 기소장의 고소는 가장 중요한 고소이다. 전쟁은 본질적으로 악이다. 그 결과는 교전국에만 한정되지 않고 전 세계에 영향을 미친다. 그런 까닭에 침략전쟁을 개시하는 것은 국제범죄에 그치지 않는다. 그것은 그 자체에 전체의 누적된 악을 포함한다는 점에서 다른 전쟁범죄로부터 구별되는 최고의 국제범죄이다.

평화에 대한 죄를 최고의 국제범죄로 묘사하는 것, 그리고 제6조에 열거된 각종 전쟁범죄의 서열은 극히 중요하다. 조례는 광의의 전쟁범죄를 망라해서 열거하고, 또한 전쟁범죄의 서열을 확립하였으며, 판결도 이것을 확인하였다고 할 수 있다. 이것은 처음 있는 일이었다.

공통 계획과 공동모의
-제1 소인

피고인들은 첫째 소인에서 공통 계획 또는 공동모의로, 둘째 소인에서 침략전쟁의 계획 등으로 고소되었다. 판결은 기소장의 첫째 소인에 포함되어 있었던, 나중에 보는 통상의 전쟁범죄와 인도에 반한 죄에 관한 공동모의의 고소를 인정하지 않고, 조례 제6조에 따라 공동모의 책임을 평화에 대한 죄의 행위에 한정시켰다.

법원은 공통 계획 또는 공동모의가 평화에 대한 일반적 범죄이며, 장래에 침략전쟁을 실행하기 위한 장기 계획과 결정을 모의하고 작성하는 것이라고 생각하였다. 나치 독일의 모든 사상적 · 정치적 · 경제적 및 군사적 준비는 침략전쟁 실행을 위하여 불가결한 것이며, 침략전쟁 실행 모의에 참가한 사람이 의도적으로 독일 국가의 정치적 · 경제적 · 군사적 힘을 건설하려고 지향한 것이라고 하였다. 이것이 첫째 소인에 포함되었던 것이다. 예컨대 장래에 침략전쟁을 하기 위하여 재무장을 일반적으로 계획하는 일은 첫째 소인에 포함된다.

침략전쟁 실행
-제2 소인

특정 계획이나 준비, 그리고 특정 국가에 대한 침략전쟁을 실제로 실행하는 것은 둘째 소인에 포함된다. 1939년 8월 22일

최고사령관 회합에서 히틀러가 한 선언은 즉각적으로 폴란드를 상대로 전쟁을 한다는 그의 결정을 표명하고 이 작전행동이 실행되어야 할 방법에 관한 최종 지령을 부여한 것으로, 특정 국가에 대한 침략전쟁의 특정 계획과 준비의 전형적인 사례였다.

첫째 소인과 둘째 소인에 의하여 기소되었던 피고인에 대하여 선고된 판결을 보면 법원이 공동모의와 침략전쟁의 구별을 어떻게 사정(査定)하였는지 알 수 있다. 예를 들어, 공군 총사령관이었던 괴링은 두 소인에서 모두 유죄로 선고되었다. 법원에 따르면 "그는 1933년에 국가사회주의자에게 권력을 장악시키도록 하는 일에 크게 도움을 주었다", 나아가 "뮌헨협정 조금 뒤에 그는 공군(Luft-waffe)을 다섯 배 증강하는 데 착수하고 또 공격무기에 중점을 둔 재군비 가속화를 표명하였다". 이는 첫째 소인에 속한다. "그는 폴란드 공격과 그에 뒤이은 침략전쟁을 통하여 공군을 지휘하였다", "(그는) 유고슬라비아와 그리스 작전행동을 준비하고 실행하는 일에 적극적이었다." 이는 둘째 소인에 속한다.

또 내무장관 프리크(Wilhelm Frick)는 첫째 소인에서 무죄, 둘째 소인에서 유죄가 선고되었다. 법원은 그의 무죄 이유를 다음과 같이 말하였다. "오스트리아를 침략하는 날 이전에 프리크는 라이히(Reich) 내에서의 국내 행정에만 관여하고 있었다. 그는 히틀러가 침략 의도를 개략적으로 설명한 그 어떠한 회의에도 참석하였다는 증거가 없었다." 그 결과 법원은 프리크가 이 판결에서 정의된 것과 같은 침략전쟁을 실행하기 위한 공통 계획 또는 공동모의 멤버는 아니었다고 한 것이다. 다음과 같은 판결의 말은 법원이 무엇을 둘째 소인상의 프리크의 범죄라고 생각했는지를 보여주고 있다.

"프리크는 전쟁 기준에 따라 행정 조직을 고안하였다. 그 자신의 성명에 의하면, 이는 독일이 전쟁 정책을 채택하기로 결정한 후 실제로 운용되었다." 프리크가 유죄라고 하는 더 유력한 증거로 법원은 그중에서도 그가 오스트리아를 독일 제국과 통합하는 법률에 서명하였던 것, 주데텐 · 메멜 · 단치히(Danzig) · 동부지역 등을 독일에 병합하는 법률에 서명하였던 것, 그리고 전쟁에서 독일이 점령하였던 지역의 행정에 참가하였던 것을 들었다.

국제조약위반의 전쟁

조례 제6조 (a)는 '침략전쟁'과 '국제 조약 · 협정 · 보장을 위반하는 전쟁'을 열거하였다. 이 점에서에 과거의 카이저 조항과 차이가 나는 것은 당연하였다. 기소장은 "피고인은 국제 조약, 협정과 보장을 위반하는 전쟁이기도 하였던 침략전쟁을 계획하고 준비하고 개시하고 실행하였다"고 하며, 기소장 부속서 C는 위반된 국제협정을 열거하고 있다.

하지만 뉘른베르크 판결은 '침략전쟁'과 '국제조약 위반의 전쟁' 문제를 자세히 기술하지 않았다. "피고인 중 몇 명이 12개국에 대한 침략전쟁을 계획하고 또한 실행하였고 그런 까닭으로 이 일련의 범죄 때문에 유죄라는 것을 결정하였다. 이는 이 문제를 한층 자세히 검토하는 것, 또는 침략전쟁이 동시에 '국제 조약, 협정과 보장 위반 전쟁'이기도 한 범위를 장황하게 검토하는 것조차 필요로 하지 않는다"고 말하는 데 그쳤다.

법원의 임무에 비추어 보면, 독일이 실행하였던 모든 침략전쟁은 또한 2국 간 또는 다수국 간 조약 위반이기도 한 것이 분명하였기 때문에 이 문제를 상세하게 분석할 필요가 없었다고도 생각된다. 또 조례는 '침략전쟁' 그 자체를 범죄적이라고 강조하고, 조약상의 근거를 이차적이고 부차적으로 간주하였던 것으로 보인다.

침략전쟁의 위법성과 범죄성

이 점에 관하여 조례 제6조는 "다음 행위 또는 그중 어떠한 것도 이 법원 관할에 속하는 범죄이다"라고 하고 있으며, 판결은 "조례가 침략전쟁 또는 국제조약위반전쟁 계획을 범죄로 하고 있다"고 말하였다. 법원은 조례를 적용하는 권한이 어떤 근거에 기초하는지를 다음과 같이 밝히고 있다.

> 조례 작성은 독일 제국을 무조건 항복시킨 국가들에 의한 주권적 입법권 행사였다. 그리고 이들 국가들이 피점령 지역을 위하

> 여 입법할 수 있다는 의심할 수 없는 권리는 문명세계가 인정하여 왔다. 조례는 전승국 측의 자의적인 권력 행사는 아니다. 법원 견해에 따르면, 후술하는 바와 같이 조례는 그 작성 시에 현존하는 국제법의 표현이며, 그런 한도에서 그 자체가 국제법에 대한 공헌이다.

평화에 대한 죄의 국제적인 성격은 현대의 여러 국가가 침략전쟁을 위법하고 범죄라고 관습적으로 승인하는 것에 근거해 있어야 한다. 금세기 부정의 전쟁, 즉 자위도 아니고 침략자의 처벌을 요구하는 세계 최고 권위의 명령의 집행도 아닌 전쟁이 인류 생존에 극히 위험한 위협이며, 범죄로서 낙인찍히지 않으면 안 되는 것으로 간주되어 왔다는 충분한 증거가 있다. 여러 국가들은 이러한 핵심적 내용을 표명하는 여러 협정을 맺어 왔다. 전간기 국제관습법상의 침략전쟁의 범죄적 성격에 관하여 법원은 다음과 같은 견해를 표명하였다.

> 국가 정책 수단으로서 전쟁을 공식적으로 포기하는 것은 그러한 전쟁이 국제법상 위법이라는 것, 그리고 그러한 전쟁을 계획하고 실행하는 사람은 전쟁의 불가피하고 무서운 결과와 함께, 그런 행위로써 범죄를 저지르고 있다는 명제를 당연히 포함한다.

이렇게 하여 침략전쟁이라는 범죄의 국제적 성격은 사법(司

法)상 의심할 여지없이 확립된 것으로 보였다.

침략행위의 각종 표현

법원은 판결에서 나치 독일이 실행한 전쟁의 여러 형태를 언급하기 위하여 다양한 표현을 사용하고 있다. '침입invasion'이라는 것은 오스트리아 · 덴마크 · 노르웨이 · 벨기에 · 네덜란드 · 룩셈부르크에 관하여 사용되었다. 체코슬로바키아에 관해서는 '점거seizure', 폴란드 · 유고슬라비아 · 그리스에 관해서는 '침략', 소련에 관해서는 '침략전쟁', 마지막으로 미국에 관해서는 '전쟁'이 사용되었다.

이러한 다양한 호칭을 사용함으로써 법원은 각각의 침략행위를 동반하는 서로 다른 사실적 상황과 법적 상황에 직면하였다. 그러나 동시에, 법원은 오스트리아 침입과 체코슬로바키아 점거를 예외로 하고 위에서 말한 독일의 모든 침략행위가 언어의 더 넓은 의미에서의, 그리고 조례의 의미 내에서의 침략전쟁 행위라고 간주하였다.

오스트리아와 체코슬로바키아에 관하여 법원은 경제장관 샤하트(Hjalmar Schacht)의 판결(무죄)에서, 오스트리아 점령도 주데텐 점령도 "침략전쟁으로 고소될" 것은 아니었다고 말하였다. 이 두 사례의 경우 관계국을 점령하는 데는 어떠한 방해도 큰 저항도 없었다. 오스트리아의 경우는 당시 히틀러의 압력으로 오스트리아 총리가 되었던 자이스-인크바르트(Artur von Seyss-Inquart)가 동의하였다는 구실로 점령하였다. 또 체코슬로바키아의 경우는 국제협정, 즉 뮌헨협정과 베를린에서 압력에 의하여 하샤(Emile Hacha)가 서명하였던 협정의 결과로 정식으로 점령이 이루어졌다. 그러므로 이들 점령행위 자체를 법적으로 침략전쟁 행위로 간주할 수 없었던 것으로 생각된다. 그 때문에 이들 양국의 점령 계획과 실행에 참가하였던 피고인들은 둘째 소인상 이들 행위에 대한 참가에 관해서는 유죄라고 판결되지 않았고 첫째 소인상으로만 유죄라고 판결되었다.

법원은 다른 모든 행위는 침략전쟁 행위로 간주했지만 다른 명칭을 사용하였다. 어떤 명칭을 사용하는지는 조우하는 무력저항 정도, 그리고 법적 관점에서 기술적인 전쟁상태가 관계국 사이에 존재하였는가의 여부라고 하는 두 가지 상황에 근거하였다. 법원은 주의 깊게 사실을 검토하고, 독일의 행위가 자위를 위하여 명령된 것이 아니라 침략적 근거로, 침략정책을 추진하기 위하여 그 세력권을 확대하는 욕망에 의하여 명령되었다는 것을 사례별로 확인하였다.

'침략'이라고 하는 명칭이 더 나은 것인데, 이는 얼마나 무력저항을 받았나에 따라, 그리고 침략적인 공격에 수반되거나 그에 선행한 정치적·외교적 상황에 따라 사용되었다. 이에 비해 '침입'이라는 표현은 독일군이 비교적 쉽게 전진하였던 것을 증명하는 데 더 적절한 것으로 여겨졌다. 소련의 경우 '침략전쟁'

이라는 호칭이 특별히 강조되었다. 법원이 '침략전쟁'이라는 표현을 쓴 것은 이 한 번뿐이다. 이는 소련에 대한 독일 공격에 수반되었던 정치적 · 외교적 · 군사적 분야의 특별한 상황을 표현하기 위하여 사용되었다고 생각된다.

또 '합중국에 대한 전쟁'이라는 표현도 특별히 주의할 만하다. 법원은 기술적인 관점에서 '침입', '침략' 또는 '침략전쟁'과 같은 말을 쓸 수 없었다. 나치 독일과 미국의 전쟁은 독일이 정식으로 전쟁을 선언한 결과이며, 침략적인 군사행동이 선행하거나 동반된 것은 아니었다. 그럼에도 불구하고 법원은 조례에서 사용되고 있는 것과 같이 이를 언어의 더 넓은 의미에서의 간접적인 침략전쟁의 경우라고 하면서, 다음과 같이 말하였다.

> 일본이 진주만에서 합중국 함대를 공격하고, 그리하여 합중국에 대한 침략전쟁을 했을 때 나치 정부는 합중국에 대한 독일의 전쟁을 선언함으로써, 독일이 일본 측에 가담하여 즉각적으로 그 전쟁에 들어가도록 한 것이다.

'평화에 대한 죄'의 참가 형식에 관한 논의

조례 제6조는 개인책임에 관한 국제법 원칙을 확인하고 있다. 과거에는 한 번씩 이의가 제기되어 왔던 원칙이다. 제6조는 거기에 열거된 행위 중의 어떠한 것에서도 개인책임이 없으면 안 된다고 선언하였다. 그런 개인책임은 평화에 대한 죄에도 적용된다. 제6조 마지막 항에 따르면 "상술한 어느 하나의 범죄를 범하려고 하는 공통 계획 또는 공동모의 입안이나 실행에 참가한 지도자, 조직자, 교사자와 공범자는 누구에 의하여 실행되었는지를 불문하고, 그 계획 수행상 행하여진 모든 행위에 대하여 책임을 진다"고 되어 있다.

평화에 대한 죄에 참가하는 이들 다양한 형태는 기소장에서도 반복되었다. 그런 형태들은 명백하게 중요성이 높은 것부터 순서대로 열거되어 있다. 각 용어의 의미는 단어의 통상적인 의미로 이해해서는 안 되고 조례에 포함된 범죄와 연관시켜 이해하여야 한다. 중요한 것은 '공동모의에서의 지도자'이며 '국가사회주의에서의 지도자'는 아닌 것이다. 예컨대 앞에서 말한 괴링은 단어의 통상적인 의미에서도, 조례 문장에서 도출되는 의미에서도 지도자라고 생각되었다. 한편, 폰 쉬라흐(Baldur von Schirach)는 나치 청년대의 지도자였지만, 그의 역할은 공통 계획 또는 공동모의에서의 지도자로서가 아니라 조직자와 공범자로서 심사되었다.

법원은 판결에서 피고인 각 개인의 범죄에 대한 참여 형식을 결정하지 않고, 각 피고인의 활동을 분석하여 국내 형사법원이 채용하는 통상적 기준을 적용하여 올바른 결론에 도달할 수 있다고 하였다. 예컨대 헤스를 공통 계획에서 지도적 입장에 있다고 간주하면서 다음과 같이 말하고 있다.

총통(히틀러)의 대리인으로서 헤스는 모든 당 문제를 총괄하는 책임을 지고 있었고, 또한 나치 수뇌부의 모든 문제에 관하여 히틀러의 이름으로 결정을 내릴 권위를 가진 나치당 최고위 인물이었다. 이러한 입장에서 헤스는 전쟁 준비의 적극적 지지자였다.

공범자의 활동을 나타내기 위하여 법원이 잘 사용하였던 표현의 예를 들면 "리펜도르프는 히틀러와 무솔리니가 그리스에 대한 공격 제안을 토의하였던 1941년 1월 20일 회의에 출석하였다"고 하는 것이다. 또 교사자를 나타내는 예로서 레더(Erich Raeder)에게 법원은 "노르웨이 침입이라고 하는 생각은 히틀러의 마음이 아니라 레더의 마음에 처음으로 생겨났다"고 하는 표현을 썼다.

범죄의사의 존재 여부

뉘른베르크 재판에서는 피고인 측의 범의(犯意, mens rea)에 관하여, 미리 범죄로 처벌되는 것을 몰랐던 행위에 대하여 그들에게 책임을 지우는 것은 좋지 못하다는 주장이 있었다. 법원은 이 문제에 대한 태도를 다음과 같이 말하였다.

히틀러는 스스로 침략전쟁을 할 수는 없었다. 그는 정치가·군

> 지도자 · 외교관 그리고 실업가의 협력을 얻어야 하였다. 그들이 히틀러의 목적을 알고 그에게 협력하였을 때, 그들 자신이 그가 개시한 계획의 당사자가 되었다. 그들이 스스로가 하고 있는 일을 알고 있었다고 한다면, 히틀러가 그들을 이용하였기 때문에 무고하다고는 말할 수 없다.

법원 판단을 부연하면 다음과 같이 말할 수 있다. 피고인들이 스스로의 활동의 성질을 이해하고 있었다는 것, 그리고 그들의 행위가 전 문명세계에 의하여 위법하고도 범죄로 간주되는 것은 의심의 여지가 없다. 나치 정부의 내부 사람은 독일이 몇 가지 조약에 서명함으로써 근린 국가들에게 평화와 우호의 의도를 엄숙하게 보장하였던 것을 알고 있었다. 그들은 또 독일이 도발을 받지 않았는데도 근린 국가들을 공격하는 일이 침략전쟁을 구성하는 것을 알고 있었다. 그들은 그러한 전쟁이 위법이라는 것, 그리고 독일을 포함한 문명세계 대다수에 의하여 법의 울타리 밖에 놓여 있는 것을 알고 있었다. 그들은 많은 국제협정, 선언 그리고 성명이 그러한 행위를 국제범죄로 선언하고 있는 것을 알고 있었다. 마지막으로 그들은 연합 국가 지도자들이 미리 이들 범죄를 처벌할 결의를 표명하고 있었던 것을 알고 있었다.

극동조례의
평화에 대한 죄

그러면 극동국제군사재판(도쿄 재판)에서는 평화에 대한 죄가 어떻게 표현되었던 것일까. 극동조례 제5조는 다음과 같이 말한다.

> 이 법원은 평화에 대한 죄를 포함하는 범죄에 관하여, 개인 또는 단체구성원으로서 소추당하는 극동 전쟁범죄인을 심리하고 처벌하는 권한을 가진다.
> 다음에 열거하는 하나 또는 수개 행위는 개인책임이 있는 것으로 하며, 이 법원 관할에 속하는 범죄로 한다.
> (a) 평화에 대한 죄, 즉 선전을 포고하거나 또는 포고하지 않은 침략전쟁, 혹은 국제법, 조약, 협정 또는 보증을 위반하는 전쟁의 계획, 준비, 개시 또는 실행, 혹은 위 행위들 중 어떤 것을 달성하기 위한 공통 계획 또는 공동모의에 대한 참가.

이것은 뉘른베르크조례 제6조를 옮겨 쓴 것이다. 그러나 약간의 단어에서 차이가 있어 그것이 흥미 있는 문제를 야기하고 있다.

평화에 대한 죄를 위와 같이 정의하는 데 포함되는 문제는 다음과 같다. 뉘른베르크조례는 고유의 '선언'으로 개시된 전쟁과 선언 없이 개시된 전쟁 사이의 구별을 하지 않고 '침략전쟁 실행'을 범죄행위라고 한다. 반면에, 극동조례는 특히 '선전을 포고하거나 포고하지 않은 침략전쟁'을 범죄적인 것으로 취급하고 있다. 후자의 정의는, 앞에서 말한 개전에 관한 협약이 요구하는 정식 선전포고를 전쟁 개시에 선행시키더라도 만약 그것이 '침략적'이라면 그러한 전쟁으로부터 범죄성이 상실되지 않는다는 것을 분명히 하고 있다.

그러나 두 조례의 표현 차이는 순수하게 자구상의 것에 불과하다. 즉, 극동조항 제5조 (a) 속에 추가된 문언은 뉘른베르크조례가 부여한 정의에 포함되어 있다. 뉘른베르크조례는 '선전이 포고된' 침략전쟁이 '포고되지 않은' 전쟁과 동일한 방식으로 범죄적이라고 말하는 것을 생략하고 있지만, 전쟁이 '침략적'이라고 하는 사실을 결정적인 것으로 간주하고 있다. 이 때문에 선전의 존부와 같이 침략과 결부된 다른 요소는 부차적인 것으로 되어, 침략전쟁 자체의 범죄성과 관계가 없다고 간주되었다. 바꾸어 말하면 '침략'이라는 요소는 불가결하지만 동시에 그것만으로 충분하다. 아마 뉘른베르크 법원도 나치 독일이 행한 전쟁이 사실상 침략적임과 동시에 선언 없이 이루어졌다는 것 때문에 '선언된' 전쟁과 '선언되지 않은' 전쟁의 구별 문제에 들어가지 않았던 것으로 보인다.

도쿄 재판의 침략전쟁 정의

도쿄 재판 기소장의 제1~4 소인은 모든 피고인을 1928년

1월 1일(이날 이래 만주에서 사건을 일으키려는 책모가 일본 육군 특히 관동군에 존재하였다고 간주되었다)부터 1945년 9월 2일(항복문서 조인일)까지, 일본이 다른 국가에 대한 침략전쟁을 할 공통 계획 또는 공동모의에 지도자 · 조직자 · 교사자 또는 공범자로 참여한 사람으로 고소하였다.

판결은 포츠담 선언 날짜보다 훨씬 전에 침략전쟁이 국제법상의 범죄가 되어 있었다고 간주하였다. 우선 판결은 '중국에 대한 일본의 침략'이라고 하는 장의 모두에서 "일본이 중국에 대하여 수행하고, 일본 지도자들이 '지나사변' 또는 '지나사건'이라는 거짓된 이름으로 불렀던 전쟁은 1931년 9월 18일 밤에 시작되어 1945년 9월 2일에 도쿄 만에서 일본이 항복함으로써 끝났다"고 말하였다. 그리고 중일전쟁의 여러 단계를 연도에 따라 설명하는 가운데, 특히 '만주 문제'에 관하여 "개전 선언 없이, 명확하게 중국 영토인 광대한 지역이 일본 군대에 의하여 힘으로써 압수되고 점령되었으며, 이런 행동의 결과로서 중국의 다른 부분으로부터 분리되고 또 독립이라고 선언되었던 것은 사실임"이라고 하는 연맹의 리튼 보고서(Lytton Report)를 인용하였다. 이 보고서를 채택하였던 1933년 2월 4일 연맹총회 결의에 따르면, "이는 일본의 침략을 인정한 것이며 또 차후에 동일한 행위는 동일한 비난을 받는다는 것을 경고한 것"이다. 판결에서는 "이 법원은 연맹총회가 채택한 보고와 의견을 달리할 근거를 전혀 인정하지 않는다"라고 하였다. 또 판결은 1937년 7월 7일의 '루거우차오(蘆溝橋) 사건'을 설명하고 1937년 10월 6일에 연맹

총회가 "(중국에 대한 일본의 군사행동이) 분쟁의 원인이 되었던 사건과는 비교가 되지 않는 대규모의 것이라는 점"과 자위권에 근거하더라도 정당화할 수 없다고 지적한 것을 들고 있다.

나아가 진주만 공격에 의한 일본의 대미 개전, 그에 앞선 코타바루(Kota Baru) 공격에 의한 대영 개전 등에 관하여 개전협약을 위반하였는지의 여부에 대한 판단을 기다릴 것도 없이 "이것들은 도발을 받지 않은 공격으로서, 그 동기는 이들 여러 국가의 영토를 점거하려는 욕망이었다. '침략전쟁'의 완전한 정의를 말하는 것이 아무리 어려운 일이라고 하더라도, 이런 동기로 이루어진 공격은 침략전쟁이라고 명명하지 않을 수 없다"고 하였다.

미국과 영국에 대한 선전(宣戰) 조서(詔書)는 진주만 공격 후인 1941년 12월 8일에 공포되었으며, 미국과 영국도 9일에 일본에 대하여 선전포고를 하였다. 반면에, 일본이 장래의 작전상 편의 때문에 네덜란드에는 선전포고를 하지 않고 있는 중에 네덜란드가 먼저 일본에 대하여 선전포고를 하였다. 이 일에 관하여 판결은 "우리는 전쟁상태의 존재를 선언하며, 네덜란드에 대한 일본의 침략전쟁 수행을 명하는 명령은 1941년 12월 7일 아침 일찍부터 유효하였다는 사실을 인정한다"고 하고, 이어서 "네덜란드는 공격이 임박한 것을 충분히 알고 있었기 때문에 자위를 위하여 12월 8일에 일본에 대하여 선전을 포고하였고, 이렇게 하여 이미 일본에 의하여 시작되어 있었던 전쟁상태가 존재하는 것을 공식적으로 인정하기에 이르렀다, 이런 사실에 의하여 이 전쟁을 일본 측이 하는 침략전쟁이 아닌 것으로 만들거나 무언가 침략전쟁과는 다른 것으로 만들 수는 없다"고 하였던 것이다. 한편, 기소장 제31 소인이 필리핀 공화국에 대한 침략전쟁 수행을 들고 있는 것에 대하여 판결은 "필리핀 제도는 전쟁 기간 동안에는 완전한 독립국이 아니었다. 국제관계에 관한 한 그것은 미국의 일부였다"고 하고 "이론적 정확성을 기하기 위하여 우리는 필리핀 제도의 인민에 대한 침략을 미국에 대한 침략전쟁의 일부이다"라고 생각하였던 것이다.

법원은 피고인이 이러한 침략전쟁의 공통 계획 또는 공동모의의 입안·실행에 참여한 공동모의자라는 것을 입증하였던 것이다. 판결은 말한다.

> 침략전쟁을 수행하기 위한 이러한 광범위한 여러 계획과 이들 전쟁의 수행은 한 사람의 인간이 한 일은 아니었다. 그것은 공통 목적을 달성하기 위하여, 공통 계획을 수행하고자 행동한 많은 지도자의 일이었다. 그 공통 목적은 침략전쟁을 준비하고 수행함으로써 일본의 지배를 확보하려고 하였던 것으로, 범죄적인 목적이었다. 침략전쟁을 수행하는 공동모의, 또는 침략전쟁을 수행하는 것보다 한층 더 중대한 범죄는 실로 상상할 수가 없다.

제1 소인에서 주장되어 있는 침략전쟁을 수행하는 공동모의는 이미 최고도로 범죄적인 것이므로, 제2~4 소인은 다룰 필요가 없다고 하였다.

3. 통상적 전쟁범죄에 관한 논의

전쟁의 법규관례 위반

통상적인 전쟁범죄는 이전부터 위법한 전쟁행위를 하는 군대구성원 또는 민간인이 다른 교전자에 대하여 개인적으로 책임을 지는 범죄행위로 취급되어 왔다. 특히 1907년 헤이그 육전규칙이나 제네바 적십자협약 위반의 경우 그러한 범죄가 관습국제법상의 전쟁범죄라는 점은 의심의 여지가 없다. 이미 설명한 바와 같이 국내 군사법원이 전쟁법을 위반한 적국 국민을 재판하여 유죄 판결을 내린 예는 꽤 있었다. 뉘른베르크 재판이나 도쿄 재판이 '전후'에 설립된 국제법원에서 이루어진 재판이라는 점이 종래와는 다른 새로운 점이다.

뉘른베르크조례에는 종래의 전쟁범죄 범주가 당연히 포함되어 있다. 이 조례 제6조 (b)는 다음과 같이 되어 있다.

> 전쟁범죄 즉 전쟁의 법규관례 위반. 이 위반은 점령지 소속 또는 점령지 내 일반 주민의 살인, 학대, 혹은 노예노동이나 그 밖의 목적을 위한 추방, 포로 혹은 해상에서의 인민의 살인이나 학대, 인질 살해, 공사(公私)의 재산 약탈, 도시와 읍면과 마을의 자의적인 파괴 또는 군사적 필요에 의하여 정당화될 수 없는 황폐화를 포함한다. 단, 이에 한정되지 않는다.

뉘른베르크 법원은 여기에 정의된 협의의 전쟁범죄가 '국제법상의 전쟁범죄'로서 이미 인정되어 있다고 말한다. 그것들은 1907년 헤이그 육전규칙 제46조(사권 존중), 제50조(연좌벌 금지), 제52조(징발과 사역), 제56조(공공용 건설물)에, 그리고 1929년 제네바 포로협약 제2 · 3 · 4 · 46조와 제51조에 포함되어 있다. 이들 규정 위반이 처벌되는 개인범죄를 구성한다는 점은 논란의 여지가 없다고 인정되었던 것이다.

법원은 침략전쟁 계획 또는 실행의 범죄성을 논할 때, 그리고 특히 죄형법정주의라고 하는 기본원칙을 다룰 때에 통상적 전쟁범죄 문제를 간접적으로 언급하면서 다음과 같이 설명하였다.

> 1907년 헤이그협약은 전쟁을 실행하는 약간의 방법에 호소하는 것을 금지하였다. 그것들은 포로의 비인도적 대우, 독무기 사용, 휴전기(休戰旗) 부정사용과 그에 유사한 사항을 포함한다. 이러한 금지 대부분은 협약 일자보다 훨씬 이전부터 유효하였다. 그러나 1907년 이래 그것들은 확실히 전쟁법 위반으로 처벌할 수 있는 범죄였다. 그런데도 헤이그협약은 어디에서도 그러한 실행을 범죄라고 말하고 있지 않으며, 어떠한 문장도 규정되어 있지 않고, 범죄자를 재판하고 처벌하는 법원도 언급하고 있지 않다. 그렇지만 과거 여러 해에 걸쳐 많은 법원들은 이 협약이 정한 육전규칙을 위반한 죄가 있는 개인을 재판하고 처벌해 왔다.

또 변호인 측은 헤이그 육전협약 제2조의 '총가입조항'에 근거하여 제2차 세계대전에서 교전국의 몇몇 국가가 조약 당사국이 아니었다는 이유로 이 협약은 여기서 적용되지 않는다고 주장하였다. 그러나 법원은 이 문제를 결정할 필요가 없다고 하고, 다음과 같이 말하였다.

> 이 협약에 표명된 육전규칙은 확실히 그 채택 시에는 현행 국제법에 대한 진보를 나타내고 있었다. … 그러나 1939년까지의 기간에 이 협약에 규정된 이들 규칙은 모든 문명국가들에 의하여 인정되었으며, 조례 제6조 (b)에 언급된 전쟁의 법규관례를 선언하고 있는 것으로 간주되었다.

나아가 제6조 (b)에 특히 열거된 통상적 의미의 전쟁범죄를 구성하는 것은 예외 없이 개인 또는 인민 단체, 그리고 재산에 대한 침해를 구성하는 범죄이다. 그러나 이 조에 기술된 법을 근거로 잔혹행위 유형의 범죄뿐만 아니라 다른 '전쟁의 법규관례 위반'도 그것이 인권침해인지의 여부를 불문하고 전쟁범죄로 간주될 수 있는 것이다.

총력전과 야만주의

뉘른베르크 재판 기소장 제3 소인에 따라 피고인들은 전통적 의미의 전쟁범죄의 죄책으로 고소되었다. 즉 1939년 9월 1일부터 1945년 5월 8일 사이에, 또 1939년 9월 1일 이래 독일군이 점령한 모든 국가와 지역에서 행하여진 전쟁의 법규관례 위반이 고소되었다. 나아가 그들은 위 기간 중에 오스트리아 · 체코슬로바키아 · 이탈리아와 공해에서 행하여진 전통적 전쟁범죄로 고소되었다. 기소장에는 "(모든 피고인은) 다른 사람과 협력하여 행동하고 조례 제6조 (b)에 정의된 전쟁범죄를 행하기 위한 공통 계획 또는 공동모의를 하고 실행하였다. … 그러한 전쟁범죄는 피고인에 의하여, 그리고 피고인이 그 행위에 대하여 책임을 지는 다른 사람…에 의하여 저질러졌다"고 기술되어 있다.

기소장이 제기한 특별한 범죄는 전투와 군사점령 방법을 '총력전'으로 실행하는 것으로부터 유래하는 것들이다. 그런 범죄는 전쟁의 법규관례를 직접적으로 위반하고 전투원 · 포로와 점령 지역 일반 주민의 권리를 침해하는 방식으로 저질러졌다. 기소장은 이들 방법과 범죄가 국제조약 · 국내 형법 그리고 모든 문명국 형법으로부터 도출된 형법의 일반원칙 위반을 구성하며, 또한 조직적 행위에 포함됨과 동시에 그 일부라고 간주하였다.

나치 독일이 시작한 '총력전' 개념과 그 실행의 범죄성을 법원은 다음과 같이 말하였다.

> 왜냐하면 '총력전'이라고 하는 이 개념에 대해서는, 전쟁을 더 인도적으로 만들려고 하는 여러 조약의 근저에 있는 도의관념이 더 이상 힘을 가지지 못하거나 유효한 것으로 간주되지 않기 때문이다. 모든 일이 압도적인 전쟁명령에 종속당한다. … 국제법의 억제력으로부터 벗어나, 침략전쟁은 나치 지도자에 의하여 많은 야만적인 방법으로 실행되었다. 따라서 전쟁범죄는 총통과 그 측근이 이익이 된다고 생각했던 때와 장소에서 저질러졌다. 그것들은 대부분 냉철하고도 범죄적인 계산의 결과였다.

나치 독일의 사상은 모든 문명국의 확립된 원칙을 위반하여, 검사 중의 한 사람인 드 망통(François de Menthon, 프랑스)이 '정신에 대한 범죄'라고 불렀던 것에 해당한다고 생각되었다. 드 망통의 모두 연설에 따르면 이는 다음과 같은 것이다.

> 여러 국가들이 수천 년에 걸쳐 인간의 조건을 개선하기 위하여 기획해 온 모든 정신적, 이성적, 도덕적 가치를 부정하고, 인류를 야만주의에 빠트리는 것을 지향하고 있는 이론을 의미한다. 즉, 그것은 더 이상 원시적인 국민의 자연적이고도 자발적인 야만주의가 아니라, 스스로 의식하고 또한 현대과학에 의하여 인류의 자유에 맡겨진 모든 물질적 수단을 그 목적을 위하여 이용하는 극악무도한 야만주의다.

법원은 판결 속에서 전쟁범죄와 인도에 반한 죄에 관한 증거는 양적으로도 그 상세함에서도 압도적이어서, 판결이 그것을 적절하게 검토하는 것이나 제출된 대량의 자료와 구두증거를 기록하는 것이 불가능할 정도라고 말하였다. 따라서 법원은 이들 범죄를 일반적으로만 취급하였으며, 기소장에 제시된 고소 순서나 범죄 종류에 따르는 일을 하지 않았다.

아래에 판결이 다룬 몇 가지 특정 전쟁범죄를 검토하고자 한다. 그 과정에서 특히 현행 법규관례가 충분하지 못하는 점에 대해서도 언급할 작정이다.

포로와 그 밖의 구성원에 대한 범죄

법원은 일반적으로 관찰하건대, 충분히 확립된 국제법규칙을 무시하는 것뿐만 아니라 인도의 기본적인 명령을 완전히 무시함으로써 포로가 학대되고 고문되고 또 살해되었다는 것을 확인하였다. 나아가 법원은 전쟁 중에 포로와 연합국 군대의 여러 구성원의 권리에 대하여 고의적이고도 계산된 정책을 통하여 많은 침해가 저질러졌다는 것을 다소 상세하게 말하였다. 특히 다시 붙잡힌 포로를 처형하기 위하여 치안경찰(SIPO)[1]과 보안

1) Sicherheitspolizei.

경찰(SD)[2]에 인도한 것이나 독일에 착륙한 연합군 항법사를 일반 주민이 조직적으로 살해한 것을 언급하였다.

예컨대 1942년 10월 18일, 히틀러의 허가를 얻어 카이텔(Wilhelm Keitel)이 내린 명령은 연합군 '특공'대의 모든 구성원을 "마지막 한 명까지 학살"하라는 것이었다. 제복을 착용하고 있어도, 또 무장 여하를 불문하고, 심지어 설령 그들이 항복을 시도하더라도 이 명령에 따르라고 하는 것이다. 이 명령은 또 이러한 연합군 부대가 현지 경찰에 의하여 먼저 체포되거나 또는 다른 방법으로 독일군 당국의 수중에 들어왔을 때는 즉시 보안경찰로 인도되어야 한다고 규정하고 있었다.

이 명령의 규정하에 연합군 '특공'대원, 그리고 독립해서 작전행동을 하였던 다른 대원들이 노르웨이 · 프랑스 · 체코슬로바키아와 이탈리아에서 목숨을 잃었다. 그들 중 많은 사람들은 즉결로 살해되었다. 나중에 강제수용소에서 처형된 사람도 재판에 회부된 흔적은 전혀 없었다.

법원은 특히 소련 포로 대우의 비인도성에 주목하였다. 변호인 측은 소련 포로 살해와 학대에 관하여, 소련이 1929년 제네바 포로협약 당사국이 아니기 때문에 협약은 독일과 소련의 관계를 구속하지 않는다고 주장하였다. 법원은 이 입장을 부정하고 포로 대우에 관한 일반국제법 원칙이 적용된다는 견해를 취하였다. 이미 보았듯이 18세기 이래 이들 원칙은 서서히 확립되

2) Sicherheitsdienst.

어 왔다. 법원은 일반국제법의 어떠한 특별규정도 언급하지 않았지만, 그들 규정은 독일과 소련이 모두 당사국인 헤이그 육전규칙 제4~20조에 포함되어 있는 것이었다. 그들 규정은 위의 제네바 포로협약에 사실상 수용되어 있었던 것이다.

인질 잡기와 인질 살해

기소장은 인질로 삼는 것과 인질 살해에 관하여 다음과 같이 말하고 있다. "피고인은 침략전쟁을 실행하는 과정에서 독일군 점령 지역 전체에 걸쳐 일반 주민을 인질로 삼고 살해하는 실행을 채용하고 광범위하게 실천하였다. 이들 행위는 국제조약, 특히 1907년 헤이그 육전규칙 제50조, 전쟁의 법규관례, 모든 문명국 형법으로부터 도출되는 형법의 일반원칙, 그러한 범죄가 저질러진 국가의 국내 형법, 그리고 조례 제6조 (b)를 위반하였다."

이 고소의 표현에서 보면 검찰 측은 '인질을 살해하는 것'뿐만 아니라 '인질로 삼는 것'도 국제법상의 범죄로 간주되어야 한다고 한 것처럼 보인다. 그러나 위 고소문이나 이들 행위에 관하여 기소장에 거론된 모든 사실은 '인질 살해' 항 아래에 거론되어 있으며, 또 인용된 모든 사례는 인질 처형과 총살에 대해서만 언급하고 있었다.

제1차 세계대전 중에 독일 점령 지역에서 민간인이 독일군에게 발포했을 때는 언제라도 인질을 살해하였다. 제2차 세계대전 중에 독일은 전례 없는 규모로 인질을 대량으로 사살하였다. 따라서 제6조 (b)는 '인질 살해'를 전쟁범죄로 규정하였던 것이다.

법원은 판결에서 모든 피점령국에서 매우 많은 일반 주민이 인질이 되었다는 것을 확인하였다. 1941년 9월 16일에 카이텔은 독일군 한 사람의 생명이 빼앗길 때마다 소련 피점령 지역에서 다섯 명 내지 백 명 비율로 인질의 목숨을 빼앗도록 명령하였다. 그 명령은 "불안정한 국가에서 인명은 종종 물건 숫자가 아니라는 것을 기억하여야 한다. 그리고 억제 효과는 비상한 엄격함을 통해서만 얻을 수 있다."고 말하고 있었다. 이 정책의 결과로 살해된 사람들의 정확한 숫자는 모른다. 그러나 "많은 사람들이 서부에서는 프랑스와 다른 피점령 지역에서 살해당하였고, 동부에서는 더 큰 규모로 살육되었다."고 하는 것이다. 법원의 이런 말은 조례 제6조 (b)가 이와 같은 특별한 관계에서 헤이그 육전규칙 제46조(사권 존중)로 표현된 현행 전쟁법을 단순히 선언한 것이라고 하였다. 검찰 측은 '인질로 삼는 것과 살해' 실행은 헤이그 육전규칙 제50조(연좌벌 금지)에 반하는 것이라고 하는 견해를 취하고 있었지만, 법원은 인질과 관련하여 제50조를 언급하지 않았다. 이 같은 법원 설명으로부터, 단순히 인질로 삼는 것이 범죄로 간주되는지의 여부에 관하여 분명한 입장을 도출할 수는 없다.

도쿄 재판의 경우

극동조례는 제5조 (b)에서 '통상적인 전쟁범죄'로서 단순히 '전쟁의 법규관례 위반'을 언급할 뿐이다. 그러나 그 내용은 뉘른베르크조례와 같은 것으로 간주되었다. 기소장 제53~54 소인은 연합국 군대, 포로와 민간인 억류자에 대하여 전쟁의 법규관례를 위반하도록 명령하거나 허가한 죄책으로, 또 제55 소인은 전쟁의 법규관례 준수를 확보할 책임이 있으면서도 고의 또는 부주의로 그 위반을 방지하는 적당한 수단을 취하여야 하는 법률상 의무를 무시한 죄책으로 피고인을 고소하였다.

도쿄 재판 판결은 '제8장 통상적인 전쟁범죄(잔혹행위)'의 모두에서 "이 법원에 제출된 잔혹행위와 그 밖의 통상적 전쟁범죄에 관한 증거는 중국에서 전쟁이 시작된 때로부터 1945년 8월 일본 항복까지의 기간 동안 고문, 살인, 강간과 그 밖의 가장 비인도적인 야만스러운 성질의 잔혹행위가 일본 육해군에 의하여 마음대로 저질러졌다는 것을 입증하고 있다."고 하고 "그것은 대단히 큰 규모로 행하여졌지만, 모든 전쟁 지역에서 완전히 공통된 방법으로 행하여졌기 때문에 결론은 단 하나밖에 있을 수 없다. 즉 잔혹행위는 일본 정부 또는 그 개개의 관리와 군대 지도자에 의하여 비밀로 명령되었거나 아니면 고의로 허용되었다는 것이다."라고 말하였다. 태평양전쟁 개시 당시 일본 정부는 전쟁포로와 일반인 억류자를 대우하는 제도와 조직을 만들었지만, 비인도적 행위를 저지하는 것을 목적으로 한 관습법상의 전시법규와 조약상의 전시법규는 처음부터 끝까지 심하게 무시당했다.

또 펑텐(奉天) 사건이 일어났을 때부터 전쟁이 끝날 때까지 일본의 역대 내각은 중국에서의 적대행위가 전쟁이라는 것을 인정하지 않고 그것을 '사건'이라고 불렀으며, 군 당국은 전쟁법규가 이 적대행위 수행에는 적용되지 않는다고 주장하였다. 루거우차오(蘆溝橋) 사건 후에도 이 방침은 변하지 않았으며, 도시와 촌락 주민을 학살하는 관행의 가장 악랄한 예로 1937년 12월 난징(南京) 주민 학살 사건이 거론된다.

법원은 제출된 대량의 증거를 판결에서 상세하게 언급하는 것은 실제적이지 않다고 하면서도 그 밖의 많은 사례를 설명하였다. 예컨대 일본을 폭격하였던 두리틀(Doolittle) 대령 처형으로 대표되는 포로비행사 살해,[3] 죽음의 바탄(Bataan) 행진에서 볼 수 있는 것과 같은 포로 학대와 학살, 태국과 버마(미얀마) 간 철도부설을 위한 포로 사용이나 학대, 그 밖에 포로와 일반인 억류자의 고문과 기타 비인도적 대우의 사례가 거론되었다. 또 포로수송선에 대한 공격이나 잠수함전에 관해서도 오오시마(大島) 대사(피고인)가 독일 외무장관 리펜도르프나 히틀러와 회담

---

3) 1942년 4월 18일에 있었던 미국의 일본 본토 기습공격은 보통 지휘관이었던 두리틀(James Harold Doolittle)의 이름을 따서 '두리틀 공습'으로 불린다. 이 공습 당시 두리틀은 중령이었으며 일본의 포로가 된 일도 없고, 중국을 통하여 미국으로 귀환하였다. 공습 참가자 중 일본에 의하여 처형된 세 사람은 딘 홀마크(Dean E. Hallmark) 중위, 윌리엄 G. 파로우(William G. Farrow) 중위, 기총수 해롤드 스파츠(Harold A. Spatz) 병장이었다.

한 뒤 1943년 3월 20일에 트루크(Truk) 제1 잠수부대 지휘관이 내린 명령에서 "적 선단에 대해서는 각 잠수함이 연계하여 공격을 집중하여 이를 섬멸함. 적 선박과 적재화물 격침에 그치지 않고 적 선박 요원의 철저한 격멸을 아울러 실시함과 더불어, 정황이 허용하는 한 선원의 일부를 체포하고 적에 관한 정보 획득에 노력함."이라고 하였던 것이다. 이 비인도적인 해상전투 명령은 일본 해군의 잠수함장에 의하여 실행되었다. 나아가 포로와 일반인 억류자의 대우에 관해서도 1942년 6월 25일에 도조 히데키가 포로수용소장에게 한 훈시에서 포로로 하여금 "하루도 무위도식시키는 일 없이" 전쟁 수행에 도움이 되도록 할 것을 명령하였다.

그런데 당시 일본은 1929년 제네바 포로협약을 비준하지 않았고 따라서 그 당사국이 아니었지만, 미국 영국과 기타 국가로부터 이 협약을 상호적으로 적용할 것을 요구하는 제안에 대하여, 이 협약 규정 준용을 인정하였다. 또 1942년 3월 2일 미일간 서약 교환으로 협약 규정을 포로와 일반인 억류자에게 동일하게 적용하는 것 등이 약속되었다. 그런데도 "일본 정부는 포로와 일반인 억류자 학대에 관하여 죄 있는 자를 처벌하지 않거나, 처벌을 태만히 하거나, 위반에 대하여 불충분한 형벌을 부과함으로써 포로와 일반인 억류자 학대를 묵인하였다."고 간주되었다.

4. '인도에 반한 죄'의 형성

'인도에 반한 죄'의 등장

'인도에 반한 죄crime against humanity'라고 하는 말은 1915년 5월 28일, 터키에서 있었던 아르메니아 주민 학살에 관한 프랑스 · 영국 · 러시아 정부 선언에서 처음 사용되었다. 이 말은 자국민에 대하여 정부가 행하는 비인도적 행위를 의미하였다. 또 이미 본 바와 같이 제1차 세계대전이 끝날 때 평화예비회의 15인위원회는 전쟁의 법규관례 위반과 인도법 위반이 일반적으로 전쟁범죄와 인도에 반한 죄에 대응한다고 간주하고 있었다.

제2차 세계대전 중에 '평화에 대한 죄'와 함께 새롭게 등장하는 '인도에 반한 죄'의 배경으로는 1933년 히틀러의 권력 장악으로 확립된 나치 체제하에서 독일 국내에서 독일 국민, 특히 유태인에 대한 박해가 시작된 것이 거론된다. 제2차 세계대전 중인 1942년 1월 13일, 유럽 연합국들이 채택한 세인트 제임스(Saint James) 선언은 나치 독일이 일반 주민에 대하여 저지르는 인종적 · 종족적 · 종교적 소속을 이유로 하는, 박해로부터 절멸에 이르는 범죄는 전쟁행위가 아니라고 하고 그 책임자의 처벌을 요구하였다.

뉘른베르크조례 제6조 (c)는 '인도에 반한 죄'를 다음과 같이 정의하고 있다.

> 범죄가 행하여진 국가의 국내법에 위반하는지의 여부와 관계없이, 이 법원 관할에 속하는 어떤 범죄의 수행으로서 또는 이와 관련하여 행하여진 전쟁 전 또는 전쟁 중의 모든 일반 주민에 대한 살인, 절멸, 노예화, 강제이주, 그리고 기타 비인도적 행위, 혹은 정치적 · 인종적 · 종교적 이유에 근거한 박해.

위 문장은 1945년 10월 6일 베를린의정서에서 정정된 영어 본문에 의거한 것이다. 이 정정은 인도에 반한 죄의 관념을 해석하는 데 중요한 관계가 있다. 그 결과 '이 법원 관할에 속하는 어떤 범죄의 수행으로서 또는 이와 관련하여'가 '박해'에 대해서뿐만 아니라 제6조 (c) 전체 문장에 걸리는 것으로 되었다.

이 조례는 인도에 반한 죄의 정의를 처음으로 공식화한 것으로서 다음 세 요소가 새로운 원칙을 포함하고 있는 것으로 보인다.

인도에 반한 죄의 세 요소

① 전쟁 전 또는 전쟁 중

② 모든 일반 주민에 대한

③ 범죄가 행하여진 국가의 국내법에 위반하는지의 여부와 관계없이

먼저 '전쟁 전 또는 전쟁 중'이라는 말이 나타내는 첫 번째 원칙은 국제법이 전시뿐만 아니라 평시에도 적용될 수 있는, 개인에 대한 형사제재를 포함한다는 것을 보여 주고 있다. 이는 개인이 이른바 국제형사법 위반의 죄책으로 국제사회에 대하여 책임을 지는 국제법체제의 존재를 전제로 하고 있다고도 말할 수 있다. 이 체제에 따르면, 비인도적 행위가 전시에서뿐만 아니라 어떤 상황하에서는 평시에도 국제범죄를 구성한다. 그러나 위에서 말한 베를린의정서에서 정정된 것처럼 인도에 반한 죄를 구성하기 위해서는 제6조 (c)에 특별히 열거된 비인도적 행위는 "이 법원 관할에 속하는 어떤 범죄의 수행으로서 또는 이와 관련하여" 실행되지 않으면 안 된다. 다시 말해 평화에 대한 죄 또는 통상의 전쟁범죄와 관련되지 않으면 안 된다. 이 조건은 인도에 반한 죄의 범위를 제한하는 것이 되며, 그 결과 평시에서의 실제적 중요성은 현저하게 감소하게 된다.

"모든 일반 주민에 대한"이라는 말로 표현된 두 번째 원칙은, 모든 일반 주민이 국제형사법의 보호하에 있으며 국적은 관계가 없다는 것이다. 국가가 자국민 인권을 침해한 경우에도 이러한 보호가 미친다는 것을 함의하고 있다. 따라서 이 말은 연합국 국민과 적국 국민 양자에 대한 범죄를 포함하는 것이다.

특히 일반 주민은 군사 점령하에 있는지의 여부를 불문하고

인도에 반한 죄에 관한 규정의 보호를 받는 것이 된다. 즉, 전쟁에 의한 것인지의 여부를 불문하고, 군사점령하에 있는 지역 주민(예컨대 1938년과 1939년의 오스트리아와 체코슬로바키아 일부)인가, 점령하에 있지는 않고 어떤 교전국 군대가 주둔하고 있는 다른 국가 주민 혹은 교전국과 인접한 국가 주민인가, 교전국 자체 주민인가를 불문하는 것이다.

'일반 주민civilian population'이라고 하는 말에서 '인도에 반한 죄'가 군대구성원이 아닌 민간인에 대하여 저질러진 비인도적 행위에 한정된다는 의미가 나타나 있다. 또, 'population'이라고 하는 말은 더 큰 희생자 집단을 염두에 두고 있는 것으로서, 개인에 대한 단일 행위나 개별적 행위는 이 개념 범위 밖에 있다.

인도에 반한 죄에는 두 가지 유형이 있다. 즉, 살인, 절멸, 노예화, 강제이주와 같은 '살인유형' 범죄와 '박해'이다. 규정에 의하면 후자는 정치적 · 인종적 · 종교적 이유에 근거하여 행하여진 것이어야 한다. '살인유형'의 행위는 제6조 (b)에서 전쟁범죄라고 되어 있는 행위와 유사한 것이지만 같은 것은 아니다. 살인은 양쪽 모두에 열거되어 있어서, 제6조 (c)에만 나와 있는 '절멸extermination'은 대규모의 살인으로 해석된다. '절멸'과 '살인' 양자를 규정하고 있는 것은 현실의 살인행위와 직접 관계하지 않더라도, 절멸정책의 이면에 담긴 의미가 절멸죄의 모의로 처벌될 수 있다는 뜻을 담고 있기 때문이다.

제6조 (b)에서 언급된 '노예노동이나 그 밖의 목적을 위한 추방'과 제6조 (c)에서 언급된 '노예화'와 '추방deportation'에 차이

가 있는지의 여부는 미묘할 것이다.

'범죄가 행하여진 국가의 국내법에 위반하는지의 여부와 관계 없이'라고 하는 세 번째 원칙은 인도에 반한 죄라고 하는 행위가 그 국가의 국내법상 합법이라는 항변을 인정하지 않는다는 것을 의미하고 있다. 이러한 항변을 배제하는 것은 상관명령의 항변에 관한 조례 제8조 규정과 밀접하게 관련되어 있다(후술하는 V장 3. 참조).

인도에 반한 죄에 관한 법원 태도

법원은 '일반적 고찰' 속에서 전쟁 전 독일에서 있었던 대규모의 조직적인 공포정치를 언급하고, 다음과 같이 판단하였다.

> 1939년의 전쟁 전 독일에서 정부에 적대적이었던 것으로 생각되었던 민간인 박해 · 억압과 살해 정책은 극히 냉혹하게 실행되었다. 같은 시기의 유태인 박해는 어떠한 의심의 여지도 없이 확인된다. 인도에 반한 죄를 구성하기 위하여 전쟁이 일어나기 전에 행하여진 행위는, 이 법원 관할에 속하는 어떤 범죄의 수행으로서 또는 이와 관련하여 저질러진 것이어야 한다. 이 법원은 이들 범죄의 많은 것들이 흉측하고도 무서운 것이라고 하더라도, 그것들이 어느 한 범죄의 수행으로서 또는 이와 관련하여 행하여졌다는 것이 충분히 입증되지 않았다는 견해를 가지

고 있다. 그런 까닭에 이 법원은 1939년 이전 행위가 조례가 말하는 인도에 반한 죄라고 하는 일반적 선언을 할 수 없다. 그러나 1939년에 전쟁이 시작된 이후 전쟁범죄가 대규모로 저질러졌으며 그런 행위들은 또한 인도에 반한 죄였다. 그리고 기소장에서 고소되고 또 전쟁 시작 후에 행하여진 비인도적 행위는 전쟁범죄를 구성하지 않는 한, 모두 침략전쟁 수행으로서 또는 이와 관련하여 행하여진 것이며, 따라서 인도에 반한 죄를 구성한다.

이처럼 법원은 베를린의정서의 원칙을 적용하고, 또 살인유형과 박해의 두 범죄는 법원 관할에 속하는 범죄와 관련하여 저질러진 것이어야 한다는 규정에 따라 한정을 지었던 것이다.

단, 이러한 일은 1939년 9월 1일 이전에 행하여진 어떠한 범죄도 인도에 반한 죄로 간주될 수 없다는 것을 의미하는 것은 아니다. 그 이전에 실행된 평화에 대한 죄와 관련하여 행하여진 행위는 법원에 의하여 인도에 반한 죄를 구성하는 것으로 인정되었다. 한편, 비인도적 행위가 전쟁 시작 전에 행하여지고 전쟁범죄를 구성하지 않는 경우에는 법원이 이 전쟁과 관련이 있다고 추정하여 인도에 반한 죄로 간주하였다.

인도에 반한 죄를 범할 '공동모의'

조례 제6조 (a)는 평화에 대한 죄를 범할 '공동모의'가 처벌될 수 있다는 것을 규정하지만, 전쟁범죄 또는 인도에 반한 죄를 범할 '공동모의'에 관해서는 명시적 규정을 포함하고 있지 않다. '모의'이론은 불법적인 목적을 달성하기 위하여, 또는 합법적인 목적을 불법적인 수단으로 달성하기 위하여 모의를 하거나 제휴에 가담하는 것은 범죄행위라고 하는 이론이다.

그 결과 법원은 판결에서, 극히 제한된 범위에서만 이 이론을 인정하여 평화에 대한 죄를 범할 모의는 처벌될 수 있는 것이라고 하면서 이에 근거하여 피고인 중 몇 사람에 대하여 유죄를 선고하였다. 그러나 다른 두 유형의 모의[4]를 전쟁범죄 또는 인도에 반한 죄와 구별되는 실질적인 범죄로 처벌하는 것을 거부하였다. 제6조 마지막 항은 침략전쟁 행위를 할 모의를 제외하고는 어떠한 모의도 정의하지 않으며, 모의를 새롭게 구별된 범죄로 추가하는 것이 아니라고 하는 견해를 표명하였다. 법원 의견으로는, 이 규정은 공통 계획에 참가하는 자의 책임을 확립하는 것만을 목표로 하고 있는 것으로서, 이런 이유 때문에 법원은 전쟁범죄와 인도에 반한 죄를 범할 모의에 관한 고소를 무시하기로 결정하였던 것이다.

4) '살인유형' 범죄 모의와 '박해' 모의를 의미함.

특정 유형의 범죄
–제노사이드

기소장에 열거된 갖가지 유형의 살인이나 학대 중에 특히 관심을 끄는 것이 있다. 기소장에 따르면 "(피고인들은) 의도적이고도 체계적인 제노사이드, 즉 특정 인종과 부류의 인민과 국민적·인종적 집단, 특히 유태인·폴란드인과 집시를 비롯한 그 밖의 집단을 파괴하기 위하여 일정한 점령 지역의 일반 주민에 대한 인종적 집단과 국민적 집단의 절멸을 행하였다." 이 특별 고소를 포함시킴으로써 검찰 측은 새로운 유형의 국제범죄를 도입하고 또 확립하려고 시도하였다.

'제노사이드'는 후술하는 바와 같이 국민nation 또는 종족ethnic 집단의 파괴를 표현하기 위하여 만들어진 새로운 용어다. 제노사이드는 전체로서의 국민 집단을 향하고 있으며, 그 행위는 국민 집단 구성원으로서의 개인을 향하고 있다. 제노사이드는 두 가지 측면을 가지고 있다. 하나는 억압된 집단의 국민적 양식(樣式)의 파괴이다. 그렇기 때문에 과거에는 '비국민화denationalisation'라고 하는 말이 사용되었다. 또 하나는 억압자의 국민적 양식을 강요하는 것이다.

검찰 측은 제노사이드의 죄책으로 피고인을 고소할 때에 이 용어와 개념을 제한된 의미로 사용하였다. 즉, 제노사이드라는 말이 갖는 직접적이고도 생물학적인 의미로 그 말을 사용하였다. 이는 기소장에 기술된 제노사이드의 정의를 볼 때 분명하며, 또 살인과 학대의 일반적 소인하에 제노사이드 고소를 포함시킨 것을 보아도 분명하다. 또 피고인의 활동의 다른 모든 측면과 요소가 점령 지역 주민의 비국민화를 목표로 삼았기 때문에, 별개 고소 항목(제3 소인 J하에서, '피점령 국가의 독일화'라고 하는 항목)이 된다고 한 것을 보아도 분명하다.

제노사이드 고소의 실체를 다룰 때 법원은 그것을 다음과 같이 묘사하였다.

> 일반 주민의 살인과 학대는 소련과 폴란드 시민을 대우하는 데서 최고점에 도달하였다. 러시아 침공이 시작되기 4주쯤 전에 아인자츠구루펜(Einsatzgruppen)이라고 불리는 치안경찰(SIPO)과 보안경찰(SD)의 특수임무부대가 히믈러(Heinrich Himmler)의 명령하에 러시아의 독일군을 수행하여 파르티잔이나 저항단체 구성원과 싸우고 또 유태인과 공산주의 지도자들 그리고 인민의 기타 단체를 절멸시키기 위하여 편성되었다.

나아가,

> 일반 주민에 대한 위 범죄는 충분히 경악할 만한 것이다. 증거에 따르면 동부에서 저질러진 모든 대량 살해와 잔혹행위는 독일 점령군에 대한 반대나 저항을 진압하려는 목적만 있었던 것은 아니다. 폴란드와 소련의 경우 이들 범죄는 두 국가의 영토를 독일인이 식민지화하는 데 사용될 수 있도록 추방과 절멸을 통하여 현지 주민 전체를 죽이는 계획의 일부로 실행되었다.

이렇게 하여 법원은 폴란드와 체코슬로바키아에서 지식인을 절멸시키는 정책과 실행, 또 일반 주민의 대우와 점령 지역에서의 인종 문제에 관하여 언급하였다.

유태인 박해와 절멸

법원 판결은 다른 곳에서 유태인의 박해 · 절멸에 관하여 특별히 언급하고 있다. 나치 정부 손안에 있었던 유태인 박해는 극히 자세한 증거에 근거하여 증명되었으며, 그것은 최대 규모의 상시적이고도 조직적인 비인도성의 기록이 되는 것이다.

법원은 나치당 강령에 공식화된 반유태 정책을 상기하고, 전쟁이 시작되기 훨씬 전에 행하여진 행위도 자세하게 검토하여 다음과 같이 말하고 있다.

> 나치당은 그 역사를 통해 이들 이론을 창도하였다. '돌격대Der Sturmer'와 기타 출판물에서는 유태인에 대한 증오가 확산되었으며 나치 지도자의 연설이나 공적인 선언에서 유태인은 공적인 조롱과 모욕을 받았다. …
> 권력 장악과 함께 유태인 박해는 강화되었다. 일련의 차별법이 제정되었으며 유태인이 직업을 가지는 것을 제한하였다. 그들의 가정생활이나 시민권도 제한되었다. 1938년 가을부터 유

> 태인에 대한 나치 정책은 독일의 생활로부터 유태인을 완전히 배제하는 방향으로 향하는 단계에 이르렀다. 유태인학살(Pogrom)이 조직되었는데, 그것은 유태인 교회당(synagogue)을 불태우고 파괴하는 것, 유태인 상품 약탈, 유명한 유태인 사업가 체포를 포함하는 것이었다. … 게토(ghetto)가 대규모로 만들어졌으며 치안경찰 명령으로 유태인들은 옷의 가슴이나 등에 노란색 별 표시를 다는 것이 강제되었다.

나아가 법원은 1939년 1월 25일 독일 외교부 통달 '1938년의 독일 외교정책의 한 요인으로서의 유태인 문제'에 대하여 언급한 뒤에 다음과 같이 말하였다.

> 전쟁 전의 독일에서 나치의 유태인 박해는 가혹하고 억압적인 것이었지만, 점령 지역에서 전쟁 중에 수행되었던 정책과는 비교가 되지 않는다. … 1941년 여름에는 전 유럽에서 유태인 문제의 '최종처리' 계획이 만들어졌다. 이 '최종처리'는 유태인 절멸을 의미하였다. 그것은 1939년 당초에 히틀러가 전쟁이 시작된 결과의 하나라고 협박하였던 것이었다. 그리고 게슈타포(비밀국가경찰)[5]의 B4 부장 아돌프 아이히만(Adolf Eichmann) 아래에서 게슈타포 특별부가 이 정책을 실행하기 위하여 만들어졌다.

---

5) Gestapo(Geheime Staatspolizei).

유태인을 절멸시킬 계획은 소련에 대한 공격 직후에 전개되었다. 치안경찰과 보안경찰의 아인자츠구루펜이 동부 독일군 배후지역 주민의 저항을 분쇄하기 위하여 구성되었으며 이들 지역 유태인을 절멸시킬 의무를 부여받았고 그 일의 결과에 관해서도 설명을 들었다.

1941년에 시작된 유태인에 대한 다른 잔혹행위와 '최종처리'의 또 하나의 방법으로 독일이 점령한 모든 유럽으로부터 유태인을 강제수용소로 모은 것에 관하여 말한 뒤, 법원은 마지막에 다음과 같이 말한다.

> 유태인을 찾아내고 그들을 '최종처리'에 맡기기 위하여 유럽 전역에 특별 그룹이 돌아다녔다. 독일 단체가 헝가리와 불가리아와 같은 위성국가들에 파견되어 유태인을 절멸수용소로 보내기 위한 조정을 하였다. 그리고 1944년 말까지 헝가리에서 온 40만 명의 유태인이 아우슈비츠(Auschwitz)에서 살해되었다. 110만 명의 유태인을 '청산'하기 위하여 루마니아의 일부 지역으로부터 철수한 증거도 주어졌다. 히틀러로부터 이 계획을 위임받은 아돌프 아이히만이 계획을 수행한 결과 600만 명의 유태인이 살해되고 그중 400만 명은 절멸시설에서 살해된 것으로 추정되었다.

이러한 설명 속에서 법원은 위에서 말한 것과 같은 여러 행위들을 포함하는 제노사이드라고 하는 말과 그 개념에 관하여 어떠한 언급도 하지 않았다. 그러나 이러한 법원의 사실인정이 이후의 국제사회에 미친 영향은 컸다.

'불용자' 살해 범죄

노예적인 노동정책을 다룬 판결 부분에서 법원은 다음과 같이 정신병자나 불치병에 걸린 환자 살해를 언급하였다.

> 1941년 여름에 독일이 취한 정책에 관하여 말하지 않으면 안 된다. 이 정책하에서 모든 노령자 · 정신병자와 불치병 환자, 즉 '무위도식하는 무리'는 특별시설로 옮겨졌으며, 그들 가족에게는 그들이 자연적인 원인으로 사망하였다고 통보되었다. 희생자들은 독일 시민에 한정되지 않았다. 희생자 중에는 외국인 노동자도 포함되어 있었다. 그들은 일을 할 수 없었고 독일의 전쟁기구의 입장에서 도움이 되지 않는 존재들이었다. 적어도 27만 5천 명이 이런 방식으로 내무장관 프리크 피고인 관할하에 있었던 양육원, 병원, 피난소에서 살해되었다. 얼마나 많은 외국인 노동자가 이 전체 숫자에 포함되어 있었는지는 전혀 파악할 수 없었다.

법원은 피해자가 외국인 노동자를 포함하고 있으며, 독일 시민에 한정되지 않았다는 것을 신중하게 지적하였다. 실제로 이런 방식으로 살해된 사람들 대부분은 독일 시민이며, 그렇기 때문에 이 범죄는 주로 인도에 반한 죄에 포함시켰다. 그러나 살해당한 사람이 외국인 노동자인 경우, 이 새로운 유형의 행위는 법원에 의하여 전쟁범죄로 간주되었다.

극동조례의 경우

극동조례 제5조 (c)는 "인도에 반한 죄, 즉 범행지의 국내법 위반인지의 여부를 불문하고, 이 법원 관할에 속하는 범죄의 수행으로 또는 그와 관련하여 행하여진, 전쟁 전 또는 전쟁 중에 행하여진 살육, 절멸, 노예적 학대, 추방과 기타 비인도적 행위, 혹은 정치적 또는 인종적 이유에 근거한 박해행위"라고 규정하고 있다. 이것도 뉘른베르크조례를 따른 것이라는 점은 말할 것도 없지만, 약간의 점에서 다르다.

극동조례에서는 '인도에 반한 죄'가 '모든 일반 주민에 대하여' 저지른 범죄라는 것을 명시적으로 규정하고 있지는 않다. 앞에서 설명한 바와 같이 이 말은 나치 제도하에서 자국민을 대상으로 저지른 범죄를 포함시키기 위하여 뉘른베르크조례에 삽입된 것이었다. 그러나 도쿄 재판 기소장은 일본 영토에서 일본 국민을 대상으로 저지른 범죄를 이유로 일본의 주요 전쟁범죄인을 고소하지 않았으며, 일본 국민 이외의 사람을 대상으로 범한 범죄에 한정하여 고소하였다.

또 극동조례는 '종교적 이유에 근거한 박해'에 관한 언급이 없다. 이와 관련하여 말하자면, 나치 독일의 유태인 박해 사례와 같이 종교적 이유에 근거한 박해가 절차 과정에서 제기되더라도 그런 박해들은 정치적 이유에 근거한 박해 관념에 일반적으로 포함될 수 있다고도 할 수 있다.

마지막으로, 베를린의정서 이후에 기초되고 공포된 극동조례 조문에서는 인도에 반한 죄가 전쟁이 시작되기 전에 행하여졌을 때, 그 정의의 효과와 의미에 관하여 의견 차이가 생겨나지 않았다. 처음부터 다음과 같은 점은 분명하였다. 즉, '인도에 반한 죄'가 되려면 '정치적 또는 인종적 이유에 근거한 박해'가 법원 관할권에 속하는 다른 범죄의 수행으로서 또는 이와 관련하여 행하여져야 한다. 뿐만 아니라 '살인, 절멸, 노예화, 추방' 행위 또는 그 밖의 '비인도적 행위' 역시 법원 관할권에 속하는 다른 범죄의 수행으로서 또는 이와 관련하여 행하여져야 한다. 도쿄 재판 판결은 위에서 설명한 바와 같이 포로와 더불어 일반인 억류자에 대한 잔혹행위에 관하여 자세하게 말하면서도 '인도에 반한 죄'라고 하는 말은 쓰지 않았다.

새로운 유형의 국제범죄

전쟁의 법규관례를 위반한 전쟁범죄라고 하는 전통적 범

주와는 별개로 도쿄 재판 기소장은 뉘른베르크나 그 밖의 재판에서도 유례가 없는 특별한 범주를 도입하려고 하였다. 즉 일본이 연합국들에 대하여 적대행위를 시작한 군사행동의 직접적인 결과로서의, 피공격국 전투원과 민간인의 생명 상실, 즉 살인 'killing' and 'murder'을 이유로 피고인을 고소하였던 것이었다(제37~52 소인).

이 고소는 개전에 관한 협약 제1조를 위반, 즉 전쟁의 경고 또는 선언 없이 '불법적인 적대행위를 시작한' 것에 근거하고 있다. 검찰 측은 그러한 적대행위 개시가 '불법'이며 피고인과 일본군은 '적법한 교전자로서의 권리'를 얻을 수 없었다고 주장하였다. 검사는 배신적으로 시작된 이들 적대행위의 경우 군인과 민간인 살해를 공격 자체의 위법성으로부터 도출되는 별개 범죄행위를 나타내는 것으로 간주하였다.

이와 관련하여 이루어진 특별 고소는 1941년 12월 7일(일본에서는 8일 새벽) 진주만 공격에 의한 키드(Isaac C. Kidd) 해군 소장과 미 육해군 장병 약 4천 명의 살해(제39 소인), 1941년 12월 8일의 코타 바루, 홍콩과 상하이 공격 시의 영국 장병 살해(제40, 41, 42 소인), 1941년 12월 8일 필리핀 영토 공격 시의 필리핀 국군 장병 살해(제43 소인), 소련과 몽골이 중립국이었던 1939년 여름에 그들 병사를 공격할 때 있었던 양국 군인 살해(제51, 52 소인)를 포함하고 있었다. 이들 사례에 맞추어, 특히 중국에 대한 유사한 공격과 침략 과정에서 이루어진 일반 주민과 무장해제된 병사 학대에 대하여 고소가 이루어졌다(제45~50 소인).

이들 모든 고소는 '통상적인 전쟁범죄와 인도에 반한 죄'의 부류와는 분리하여 취합하여 '살인' 항 속에서 다루어졌다.

'민간인과 무장이 해제된 병사'에 대한 잔혹행위 고소가 '살인' 부류보다도 전쟁범죄나 인도에 반한 죄 부류에 포함되었어야 하는 것이 아닌가라는 문제는 있다. 그러나 그 문제는 별론으로 하고, 군사행동 중의 전투원과 민간인 생명 상실을 소추한 것은 확실히 새로운 시도였다. 이는 선전(宣戰)하지 않고 적대행위를 시작하는 것이 현행 조약 위반이며, 또 그 결과 국제법상 위법이므로, 논리적으로 도출될 수 있을지도 모르는 그 법적 효과를 최대한으로 발전시키고자 하는 것이다. 이는 전쟁(인도)법의 차별적 적용의 하나의 변형(variation)이라고도 할 수 있지만, 앞에서 본 전간기 펠라의 논의 등에서도 의문시되고 있었던 것이다.

이러한 시도는 유럽에서 나치가 시작한 모든 침략에 즈음하여 독일이 행한 동일한 행위가 뉘른베르크 법원에서 고소되지 않았다는 점을 함께 생각하면, 문제가 있다.

'인도에 반한 죄'가 아닌 인권침해

도쿄 재판 기소장은 전시와 평시 두 경우 모두 일정한 인권침해가 되는 많은 행위를 언급하였다. 여기서는 두 가지를 거론해 두고자 한다.

먼저 마약, 특히 아편 불법거래에 관계되는 것이 있다. 위법한 전쟁의 계획, 준비와 실행 증명에 관한 사실과 상황을 거론하면서 특히 검찰 측은 다음과 같이 말하였다.

> 이 소송장이 미치는 전체 기간 중에 역대 일본 정부는 중화민국과 그들이 점령하거나 점령을 도모한 다른 지역에 주둔하는 육해군 사령관과 군부 이외 기관을 통하여 … 혹은 직 · 간접적으로 아편과 그 밖의 마약 생산과 수입 증가를 장려함으로써, 혹은 위와 같은 지역에서 민중들 사이에 그러한 마약 판매와 소비를 조장함으로써, 주민의 항전 의사와 힘을 약화하는 것을 목적으로 하는 조직적 정책을 속행함(부속서 A, 제4절).

기소장은 일본 정부가 이 목적을 위하여 비밀리에 얼마나 많은 비용을 제공하였는지, 침략전쟁의 재정을 충당하기 위하여 어떻게 마약 거래 절차를 사용했는지, 그리고 이들 위법한 사업을 어떻게 정부기관이나 보조기관을 통하여 실행하였는지를 말하고 있다. 검찰이 보기에는 관계되는 일반 주민에 대한 침범은 현행의 여러 조약(모두 명시적으로 언급) 위반이라고 하는 것이었다(부속서 B). 이들 행위는 제5조 (c)가 정의하는 것처럼 '인도에 반한 죄'의 관념에 포함되는 '비인도적 행위'의 하나의 유형을 나타내는 것으로 간주할 수 있었을 것이다.

다음으로, 일본 국민 자신의 정치적 또는 시민적 행위에 영향을 주는 것이 있다. 기소장 본문에 부속된 관련 사건을 설명하면서 검찰 측은 어떻게 '군국주의자'가 일본에게 자신들의 규칙을 강요하고 또 그들의 동포의 정치적 권리와 시민적 권리를 침해하였는지를 다음과 같이 말하고 있다. 예를 들면 "이 시기에 과거부터 있었던 자유로운 여러 의회 제도는 점차 박멸되고 파시스트나 나치의 형태와 유사한 조직이 도입되었다. … 이들 기관은 위 정책에 반대하는 사람의 언론, 저술의 자유를 박멸하였다."고 말한다. 또 "이 정책에 대한 반대는 이 정책에 충분한 호의를 가지지 않은 것으로 생각되는 지도적 정치가 암살, 그리고 그러한 암살 공포와 협박에 의하여 궤멸당하였다. 경찰, 특히 헌병대는 또 그러한 전쟁정책에 대한 반대를 탄압하는 데 사용되었다."고도 한다. "교육 제도는 민간에서도 육해군에서도 전체주의 정신, 침략, 전쟁욕구, 잔인함, 가상 적국에 대한 증오를 주입시키는 데 사용되었다."라고 말하는 등이다(부속서 A, 제6절).

기소장에 언급된 위 행동의 태반에 관해서는 위법한 마약 거래와 같은 범죄행위 그 자체가 범죄로 간주되었으며, 그 결과 형사처벌을 초래하는지 아니면 국제의무 위반으로 취급되어야 하는지의 문제가 제기될 수 있다. 필요한 변경을 가하면, 자국민에 대한 국가(정부) 측의 정치적 권리나 시민적 권리 억압에도 동일한 문제가 있다고 할 수 있을 것이다.

그러나 도쿄 재판 기소장에 이들 행위는 피고인에 대한 어떠한 고소 대상도 되지 않았다. 그것들은 기소장 부속서 A(평화에 대한 죄에 관한 기소장의 일부 소인을 가리켜서 검찰이 의거하는 주된 사실이나 사건을 나타내는 요약적인 세부항목을 포함함)와 부속서 B(평화에 대한 죄와 살인죄의 특정 유형을 다루는 기소장 제1류와 제2류에 편입된, 일본이 침해한 조약 조문 목록)에 포함되었던 것에 지나지 않는다.

단, 판결은 '중국에 대한 일본 침략'이라고 하는 장에서 '아편과 마약'이라는 제목을 붙여서 "일본은 만주에서의 공작 경비를 충당하기 위하여, 또 중국 측 저항력을 약화하기 위하여 아편과 마약 거래를 인가하고 발전시켰다"고 하면서 그 예를 들거나, 다른 곳에서 '중국에서의 마약'이라는 제목을 붙여 "만주에서 채용된 정책과 유사한 것이 중국 북부, 중부와 남부에서 군사행동이 성공을 거둠에 따라 수시로 채용되었다. 그 매매는 군사행동과 정치적 발전에 관련되어 있었던 것이다"라고 말하고 있다.

관리이사회 법 제10호

1945년 12월 20일, 연합국 독일관리이사회는 관리이사회법 제10호로 일반에게 알려진 '전쟁범죄, 평화에 대한 죄와 인도에 반한 죄를 범한 사람 처벌에 관한 법률'을 제정하였다. 이 법률은 "1943년 10월 30일 모스크바 선언과 1945년 8월 8일 런던 협정과 그 부속 조례 문언에 효과를 부여하기 위하여, 그리고 국제군사법원에 의하여 다루어진 사람 이외의 전쟁범죄인과 그 밖의 유사한 범죄자 소추를 위하여, 독일에서 통일된 법적 기초를 확립하기 위하여" 제정된 것이다.

법 제10호 제1조는 런던협정이 법의 일부를 구성한다고 규정한다. 제2조 제1항은 다음 각 행위가 범죄로 인정된다고 한다. 즉, (a)평화에 대한 죄, (b)전쟁범죄, (c)인도에 반한 죄, 그리고 (d)국제군사법원에 의하여 범죄적이라고 선언된 범주의 범죄집단 또는 조직의 구성원이다. 그중에 인도에 반한 죄에 관한 규정은 다음과 같다.

(인도에 반한 죄) 범죄가 행하여진 국가의 국내법에 위반하는지의 여부와 관계없이, 모든 일반 주민에 대한 살인, 절멸, 노예화, 추방, 감금, 고문, 강간 또는 기타 비인도적 행위, 또는 정치적, 인종적, 종교적 이유에 근거한 박해를 포함하지만 그에 한정되지 않는 잔혹행위와 범죄.

법 제10호는 "이 법원 관할에 속하는 어떤 범죄의 수행으로서 또는 이와 관련하여"라고 하는 문구를 포함하지 않는다. 뉘른베르크 검찰이나 법원이 이 문구에 부여한 중요성에 비추어 볼 때, 이것이 조례와 법 제10호 사이의 가장 본질적이고도 현저한 차이다. 그 결과, 뉘른베르크 국제군사법원이 '인도에 반한 죄'를 이와 같이 한정적으로 이해한 근거가 되는 구절이 법 제10호 절차에서는 전혀 적용되지 않는다. 바꾸어 말하면 어떤 행위가 법 제10호가 의미하는 인도에 반한 죄의 관념에 포함되기 위해서는 평화에 대한 죄 또는 통상적인 전쟁범죄의 수행으로서, 또는 그와 관련하여 저질러졌다는 것을 증명할 필요가 없다.

법 제10호 규정이 더 지위가 높은 주요 전쟁범죄자에 적용되는 뉘른베르크조례 규정보다 포괄적이고, 따라서 엄격한 것은 언뜻 보기에는 역설적이다. 그러나 이에 관해서는 다음과 같이 말할 수 있을 것이다. 법 제10호를 적용하는 연합국 법원과 독일 법원은 국내 법원으로서 먼저 국내법(점령당국으로부터 유래하는 규정을 포함함)을 적용하는 것이었다. 예컨대 독일의 영국 관리지역은 법 제10호에 따라 인도에 반한 죄에 관한 특별조례가 만들어졌다. 이 특별조례는 독일 일반 법원에게, 독일 국적자 또는 무국적자에 대하여 독일 국적자가 범한 인도에 반한 죄의 모든 사건에 관할권을 행사하는 것을 허용하였던 것이다. 그 특별조례는 인도에 반한 죄의 개념과 통상적인 독일법상의 범죄 사이의 관계에 관한 규정을 포함하고 있었다.

Ⅳ

정식화를 위한 노력

—국제연합 체제하의 전쟁범죄 개념

1. 국제연합 시대의 전쟁범죄 개념의 전개

앞 장에서 보았듯이 뉘른베르크 재판과 도쿄 재판에서 등장한 새로운 전쟁범죄 개념은 전후 어떤 운명의 길을 걷게 될 것인가. 이들 국제군사재판은 제2차 세계대전 전승국인 연합국에 의하여 이루어졌으며 패전국인 추축국 전쟁범죄인만이 처벌되었다. 그 때문에 나중에 이 재판은 '승자의 심판'이라고 불리게 되었다.

그러나 재판에서 적용된 세 가지 범주의 범죄는 모든 교전국에게 평등하게 적용되어야 할 국제법 위반으로서의 범죄인 이상, 전승국 측 행위에도 적용되는 것이 당연하다. 그렇다면, '평화에 대한 죄'나 '인도에 반한 죄'는 현실적으로 추축국 측 책임자에 한정되었다고 하더라도 '통상적인 전쟁범죄'는 연합국 측 책임자나 개인이 저지를 수도 있었다고 생각된다. 그러나 승자 측까지 심판하는 국제법원은 없었다.

또 국제군사재판에서 변호인 측은 특히 '평화에 대한 죄'와 '인도에 반한 죄'는 전쟁 전에는 확립되어 있지 않았던 것이며, 따라서 사후법에 해당하거나 죄형법정주의에 반한다고 비판하였다. 법원 판결은 전간기 국제법 발달을 고려하여 이 비판에 대하여 반박하고 있지만, 이 문제가 오늘날에도 논란의 여지를 남기고 있다는 것은 확실하다.

중요한 것은 현실에서는 '승자의 심판'과 사후법이었다는 이유로 새로운 전쟁범죄를 잘못된 것이었다고 하여 부정적으로 평가할 것인가, 아니면 전쟁 전, 전쟁 중의 미증유의 잔혹행위를 앞에 두고 등장한 이러한 범죄개념이 당시의 국제사회의 요구에 맞았던 것이며, 그 뒤에 정착하는 계기가 되었다고 긍정적으로 평가할 것인가 하는 점이다. 전후 국제사회의 전개와 법의 발달이라는 관점에서 이 문제를 보면, 후자의 평가가 타당하다고 생각된다. 전후 세계에서 이들 전쟁범죄 개념은 소멸되어 갔던 것이 아니라 오히려 국제연합 체제하에서 일반적으로 인정되고 보편화되어 갔다.

뉘른베르크 원칙의 정식화와 그 이후

우선 전후 세계기구의 설립문서인 1945년 국제연합헌장은 국제관계에서의 무력에 의한 위협 또는 무력행사를 삼갈 것을 국가들에 대하여 요구하고, 전쟁위법화를 국제연맹규약이나 부전조약의 위법화보다 더 완전한 표현으로 실현하였다. 또 국제연합의 활동 속에서 새로운 전쟁범죄 개념은 수용되고 정착되어 갔다. 일찍이 1946년의 제1회 국제연합 총회는 '뉘른베르크 법원 조례에 의하여 인정된 국제법 원칙'을 확인하는 결의 3(I), 95(I)를 만장일치로 채택하였다. 또 1950년에 국제연합 국제법 위원회가 작성한 이른바 '뉘른베르크 원칙'은 평화에 대한 죄, 전쟁범죄 및 인도에 반한 죄(조례 중에 있었던 '전쟁 전 또는 전쟁 중'이라는 어구는 삭제되었다)를 국제법상의 범죄로 처벌되어야 하는 것(제6원칙)이라고 하였다.

나아가 1954년에 국제법위원회가 채택한 '인류의 평화와 안전에 대한 범죄 법전안'은 책임 있는 개인이 처벌되어야 할 국제법상의 범죄로 간주되는 '인류의 평화와 안전에 대한 죄'라고 하는, 이른바 새로운 포괄적 전쟁범죄 개념 속에 침략행위와 그 위협, 인도에 반한 죄에 상당하는 행위, 전쟁의 법규관례 위반행위 등을 열거하고 있다.

한편, 뉘른베르크 재판에서도 인도에 반한 죄에 해당하는 범죄 범주로서의 제노사이드가 제기되어 있었지만, 다음에 보듯이 1948년 국제연합 제3회 총회가 이에 관한 조약을 채택하였다. 제노사이드 개념은 전후에 개화하였던 것이다.

또 통상적인 전쟁범죄에 상당하는 것은 국제연합과는 다르지만 종래부터 적십자협약 기초와 보급의 중심적 존재였던 적십자위원회와 스위스의 이니셔티브로, 1949년 제네바협약, 나아가 1977년 추가의정서 속에 그 중대한 위반행위로서 수용되고 정치화(精緻化)되어 갔다.

1968년에는 국제연합 총회에서 '전쟁범죄와 인도에 반한 죄에 대한 시효부적용협약'이 채택되었다. 이 협약상의 전쟁범죄란 총회결의 3(I)와 95(I)에서 확인된 전쟁범죄, 특히 제네바협약에 열거된 중대한 위반행위이다. 또 '인도에 반한 죄'에는 제노사이드 외에 '무력공격이나 점령에 의한 축출(eviction)'이나 '아파르트헤이트 정책에 입각한 비인도적 행위'도 포함되는 것으로 하였다. 이들 범죄에는 그 범행 시기와 관계없이 시효는 적용되지 않는다. 이들 범죄를 저지른 자는 언제까지라도 소추할 가능성이 남아 있게 되었다.

남겨진 '평화에 대한 죄'

전쟁범죄 개념의 이러한 전개 내지 조약화 움직임 속에서 '평화에 대한 죄'만은 전후 세계에서 전개되지 못하고 남겨져 왔다는 느낌이 있다. 앞에서 본 시효부적용협약에서도, 또 전후 군사재판, 그중에서도 현재 진행 중인 구 유고슬라비아 국제재판소에서도, 평화에 대한 죄의 문제는 불문에 부쳐지거나 관할권에서 제외되어 왔다. 왜 그럴까?

평화에 대한 죄를 인정하기 위하여서는 그 전제로서 전쟁의 위법화와 범죄화, 즉 전쟁의 침략성이 인정되어야 한다. 그런데 전후 동서 냉전 세계에서 국제연합헌장을 적용하여 침략을 인정하는 것은 현실적으로는 극히 어려운 일이었다. 그리고 이론적으로도 '침략'을 정의하는 것은 쉽지 않다. 국제연합에서 '침략의 정의'가 시도되었지만 좀처럼 국가들의 의견 일치를 얻을 수 없었다. 1974년에 겨우 국제연합 총회는 '침략의 정의'(총회결의 제3314(XXX))를 채택하였다. 여기에서 침략이란 "국가에 의한 다른 국가의 주권, 영토 보전이나 정치적 독립에 대한 또는 국제연합헌장과 양립하지 않는 그 밖의 방법에 의한 무력행사"

로서 이 정의에 명시되어 있는 것(제1조)이라고 되어 있다. 이 정의에 따르면 "국가가 국제연합헌장을 위반하여 군대를 선제적으로 사용하는 것은 일단 보기에 침략행위의 충분한 증거가 된다"(제2조). 그리고 선전포고 유무와 관계없이 침략행위로 인정되는 여섯 가지 경우(망라적인 것은 아님)가 규정되어 있다(제3조). 또 "침략전쟁은 국제평화에 대한 범죄이다. 침략은 국제책임을 발생시킨다."(제5조)고 한다. 이것은 침략국의 국가책임을 말하는 것이며 개인책임을 규정하고 있는 것은 아니다. 불완전하기는 하지만 이와 같은 침략의 정의를 발판으로, 비로소 개인이 책임을 져야 하는 '평화에 대한 죄'를 더 명확하게 할 수 있다고 말할 수 있을 것이다.

전쟁 전부터 검토되어 왔던 국제형법전 내지 국제형사법원 문제는 '침략의 정의'가 채택된 이후, 특히 탈냉전 시대를 맞아 다시 검토가 시작되고 있다. 국제법위원회에서 검토 중인 '국제형사재판소규정'(안)은 일반국제법상의 범죄로서 '침략의 죄crime of aggression'를 규정하는 데 이르렀다(제VI장 3 (2) 참조).

이와 같이 조약 등의 국제문서에 의하여 전쟁범죄 개념이 정착되고 전개되는 경향 속에서, 특히 중요하다고 생각되는 제노사이드협약과 제네바협약에 관하여 조금 더 자세히 살펴보고자 한다.

2. 제노사이드협약의 성립

렘킨의
조어

전에도 언급한 제노사이드라는 용어는 제2차 세계대전 중 당시 미국 육군부 고문이었던 렘킨(Raphael Lemkin)이 나치 범죄의 특이성을 나타내기 위하여 만든 말이다. 그의 저서 『점령된 유럽에서의 추축국 지배』(1944년)에 따르면 "일반적으로 말해 제노사이드는 반드시 국민nation의 모든 구성원의 직접적인 파괴를 의미하는 것은 아니다. 그것은 오히려 국민적 집단 그 자체를 파괴할 목적으로 그 집단의 생활에 필수적인 기초를 파괴하는 것을 지향하는 각종 행동의 결합된 계획을 의미하는 것으로 의도되었다"고 한다. 이미 보았듯이 뉘른베르크조례에 규정된 '인도에 반한 죄'는 법원이 한정적으로 해석하여 평화에 대한 죄나 통상적인 전쟁범죄의 '결과로서' 또는 그것과 '관련하여' 행하여졌을 때에만 인정되었다. 이러한 제한에 대한 비판이 새로운 제노사이드협약 작성을 재촉한 것으로 보인다.

1946년 12월 11일 국제연합 총회 결의 제19 (I)이 처음으로 제노사이드라고 하는 단어를 사용하였다. 그 결의에서 제노사이드는 "문명세계에 의하여 비난되는 국제법상의 범죄"라고 하면서 그에 관한 조약 체결을 요구하였다. 이 작업은 신속하게 추진되어 국제연합 경제사회이사회 제노사이드 특별위원회가 국제연합 사무국이 작성한 초안과 국제연합 회원국 의견을 참작하여 '제노사이드 방지와 처벌에 관한 협약'(안)을 작성하였다. 이 협약안이 국제연합 총회에 회부되어 제6위원회에서 활발한 심의와 수정이 이루어졌으며, 1948년 12월 9일에 당시 56개 회원국 만장일치로 채택되었다.

제노사이드죄의 개념

제노사이드협약에서는 제노사이드가 "평시에 행하여졌든가 전시에 행하여졌든가를 불문하고 국제법상의 범죄라는 것"을 체약국이 확인하고 그것을 방지하고 처벌할 것을 약속한다(제1조). 그리고 제노사이드죄를 범하는 사람은 헌법상의 책임 있는 통치자인지, 공무원인지 아니면 사인인지를 불문하고 처벌된다(제4조). 여기서는 국가가 아니라 개인 책임을 묻고 있다. 이 협약에서 제노사이드('집단살해'로 번역됨)가 다음과 같이 정의되어 있다.

> 본 협약에서 집단살해라 함은 국민적, 인종적, 민족적 또는 종교적 집단을 전부 또는 일부 파괴할 의도로서 행하여진 아래 행위를 말한다.
>
> (a) 집단구성원을 살해하는 것
>
> (b) 집단구성원에 대하여 중대한 육체적 또는 정신적인 위해를 가하는 것

(c) 전부 또는 부분적으로 육체적 파괴를 초래할 목적으로 의도된 생활조건을 집단에게 고의로 과하는 것

(d) 집단 내에 있어서의 출생을 방지하기 위하여 의도된 조치를 과하는 것

(e) 집단의 아동을 강제적으로 타 집단에 이동시키는 것

이 정의는 제노사이드 특별위원회가 작성한 협약안의 정의와 비교하여 보호를 받는 집단으로부터 '정치적 집단'이 제외되어 있는 것, 그리고 '문화적' 제노사이드를 포함시키지 않은 점에서 더 제한적이다. 문화적 제노사이드는 렘킨이 일찍이 '에스노사이드(문화학살)'라고 불렀던 것이지만, 육체적 · 생물학적 제노사이드와는 너무 다르고 의미도 모호해서 생략되었다. 그 결과, 도서관, 박물관, 예배당 같은 문화재 파괴, 일상생활이나 학교에서 집단의 언어 사용을 금지하는 것과 같은 일은 여기서 말하는 제노사이드에는 포함되지 않는 것이 될 것이다.

제노사이드죄의 구성요건

이 정의에 기초한 제노사이드죄의 구성요건의 문제점을 제시해 두고자 한다. 협약 제2조에 따르면 제노사이드가 되기 위해서는 다음 세 요건이 필요하다. 즉, 위에서 말한 (a)~(e)의 범죄행위라고 하는 물리적 요건, 집단의 전부 또는 일부를 파괴한

다고 하는 심리적 요건, '국민적, 인종적, 민족적 또는 종교적' 집단에 속한다고 하는 대상의 특정화 요건이다.

물리적 요건에 관하여 (a)~(e)의 열거는 한정적이지만, (b)에서는 집단 구성원에 대한 중대한 육체적 위해 외에 '정신적 위해'도 추가되었다. 이것은 중국 제안에 의한 것으로, 집단을 파괴하는 마약의 사용 · 보급을 염두에 두고 있다. 미국은 이 협약 비준(1988년 11월 25일)에 즈음한 해석선언에서, '정신적 위해'라는 표현은 마약 · 고문 또는 유사한 방법을 사용함으로써 지적 능력을 영구히 악화시키는 것을 가리킨다고 하였다. (c)에 관하여 그 '파괴'를 초래하는 '생활조건'은 '죽음'을 초래하는 '생활조건'보다도 넓은 범위에 미치는 것으로 보이지만, 이 파괴 조건을 집단에게 초래할 '의도'가 필요하다. 이 의도가 확실하다면 제2조에 열거된 행위 중 어느 하나를 실행하면, 특히 (c)를 강조하지 않더라도, 제노사이드죄를 저지른 것이 될 것이다.

의도 문제

심리적 요건에 관해서 말하면, 범죄행위가 '집단을 전부 또는 일부 파괴할 의도'를 가지고 행하여진 경우에만 제노사이드가 된다. 파괴 의도야말로 제노사이드죄의 독자적 요소를 구성하며, 이 점이 단순한 살인과 대비하여, 또 인도에 반한 죄와의 관계에서도, 특유한 것이다. 그 때문에 이 '의도'의 의미에는 주의가 필요하다.

자연재해로 인해 많은 사람들에게 위해가 발생한 경우에는 거기에 '인위'성이 없으면 제노사이드라고는 말할 수 없다. 또 '전부 또는 일부'라고 하는 용어는 그 의미가 반드시 명확하지는 않다. 말 그대로 읽으면, 제노사이드가 되기 위해서는 범행자가 집단 전체를 파괴하려고 할 필요는 없고, 그 일부의 파괴를 목표로 하는 것으로 충분하다. 그러나 잘 생각해 볼 필요가 있다. 집단을 부분적으로 파괴할 의도라는 것은 어떠한 것인가. 집단 구성원의 일부만을 파괴하는 것과 그 집단의 전체적인 파괴를 초래하고자 하는 것은 전혀 다른 일이다. 일부와 전체 사이의 경계(양적 한계)는 제2조 중에는 설정되어 있지 않아서, 의도가 결정적인 의미를 갖는다고 한다면 단 한 명이 희생된 것만으로도 범죄가 저질러진 것이 될 수 있다. 협약에서 제노사이드의 존재는 적어도 집단의 일부가 제2조에서 말하는 위해를 입었다고 하는 사실과 형식적으로는 결부되어 있지 않다. 언제부터 제노사이드가 되기에 충분한 파괴가 행하여졌는지를 결정하는 기준은 제시되어 있지 않다. 따라서 이론적으로는 근소한 숫자의 희생자만 나오더라도 제노사이드가 저질러졌다고 말할 수 있다. 미국은 '전부 또는 일부 파괴할 의도'라고 하는 말을 당해 집단의 실질적 부분에 영향을 주는 방식이라고 이해한다. 미국은 '실질적 부분'이라는 말을, 그 부분이 파괴되거나 상실되면 존립 가능한 실체로서의 집단이 파괴될 수 있을 정도의 상당한 수를 의미한다고 이해하고 있었지만, 비준 시에 이러한 취지의 선언을 하지는 않았다.

또 제노사이드는 그 범행자가 집단 그 자체를 파괴할 의도를 가지는 경우에만 존재한다. '그 자체'라는 말은 베네수엘라가 제안한 것으로, 인간집단 파괴라고 하는 특수한 범죄의 본질을 나타내기 위한 것이다. 제노사이드를 저지르는 동기는 전혀 무관하며 집단을 파괴할 의사가 확인되는 것으로 충분하다. 예컨대 사상적 동기라든지 경제적 동기라든지 하는 것은 제노사이드죄를 결정하는 데 중요하지 않다.

나아가 제노사이드가 집단을 파괴할 의도의 존재를 상정하고 있다면, 고유의 의미에서의 모의를 문제 삼을 필요는 없다. 특별위원회 협약안에 있었던 모의에 대한 언급이 협약 제2조에서 삭제되어 있는 것은 이러한 이유 때문이다. 파괴 의도가 필요하다면 모의에 대한 언급은 불필요하다. 제노사이드는 국가 권력 정책에 의하여 행하여진 결과 또는 국가 권력을 통해 조직적으로 추구된 결과의 경우를 제외하고는 보통 생각할 수 없는 일이다. 손해를 초래하는 것이 명확한 정책수행 과정에서, 그 목표가 무엇이건 간에, 집단 자체를 파괴할 의도가 드러나는 순간부터 제노사이드가 존재하는 것이다.

이 심리적 요건은 명확하게 확인되지 않으면 안 되지만, 미국의 해석선언에서는 '제노사이드' 의도가 명시적으로 선언될 필요는 없고, 그것이 확실하다면 된다고 하고 있다. 그 경우, 희생자 수가 그런 의도의 최대 증거가 되겠지만, 그것만으로는 이 범죄를 확정하는 데 충분하지 못하다. 이처럼 심리적 요건을 확인하는 것이 곤란하기 때문에 협약은 흔히 실효성이 없다고 비난받는다. 사실, 일부 정부는 제노사이드의 비난을 피하기 위하여 범죄를 저지를 의도가 없었다는 것을 이유로 들었다.

대상의 특정화

세 번째 요건으로서 대상 집단의 특정화에 관하여, 협약이 말하는 '국민적, 인종적, 민족적 또는 종교적' 집단은 그 의미가 밝혀져 있지 않다. 아마도 '종교적 집단'의 관념을 제외하고는 정확히 정의하는 일이 불가능하다고 생각된다. 반대로, 협약 기초과정에서 여기에 열거된 것들 이외의 보호를 받지 못하는 집단은 명확하게 밝혔는데, 그 필두로 정치적 집단이 거론된다. 정치적 집단은 총회결의 제96 (I)에도 특별위원회 협약안에도 들어 있었다. 이 말을 삽입하는 데 반대했던 소련 등 일정 국가들은 이 말이 삭제되자 협약을 비준하였다. 경제적 또는 사회적인 다른 집단도 제외되었지만 그것은 부수적인 일이었다. 오늘날에는 정치적 집단 외에 성적 집단이나 언어적 집단도 명시적 협약의 보호 대상으로 해야 한다는 의견도 있다.

제노사이드협약은 위에서 본 것과 같은 요건의 모호성이나 요건 충족의 곤란성 때문에 실효성에 의문이 제기되어왔다. 그러나 최근 구유고형사법원규정 등에서 협약상의 제노사이드 개념의 중요성이 다시 인식되고 있다.

또 이 협약에는 제노사이드죄에 관한 관할법원으로 범죄행위지국 법원 외에 국제형사재판소가 규정되어 있으며(제6조) 뒤에 보는 국제형사재판소규정 작성을 재촉하는 것이라고도 할 수 있다.

3. 국제인도법의 '중대한 위반행위'

일찍이 없었던 전쟁 피해자, 특히 일반 주민, 민간인으로부터 다수 희생자를 낸 제2차 세계대전을 반성하여, 다시 한번 전쟁 법규 내지는 인도법규를 검토하고 만들어 내는 작업이 전후에 재빠르게 1946년부터 국제적십자위원회[1] 주도로 시작되었다. 즉, 전쟁범죄가 되는 전쟁법규 혹은 인도법규 위반을 반성하는 데는 한편으로 나치 독일과 같이 인권을 무시하는 국내체제 재발을 막을 방도를 모색할 필요가 있지만, 그뿐만 아니라 전쟁법규가 제2차 세계대전의 적대행위의 현실에 맞았던 것인지, 다시 말해 한편으로는 전쟁수단(무기와 항공기)의 비약적인 발달과 다른 한편으로는 총력전이나 레지스탕스(조직적 저항운동) 등의 일반화라는 현실에 맞았던 것인지가 재검토되어야 한다. 만약 잘 맞지 않았다면 전쟁법규 자체를 개정하거나 새로운 규칙을 만들 필요가 있다.

이러한 관점에서 적십자 조직을 중심으로 기존의 제네바협약 개정작업이 이루어져서 1949년에 네 개 조약이 채택되었다. '육전에 있어서의 군대의 부상자 및 병자의 상태 개선에 관한 협약'

---

1) International Committee of the Red Cross. 원문은 '적십자국제위원회'로 되어 있으나 한국에서는 통상적으로 '국제적십자위원회'로 불리므로, 번역도 한국의 통상적인 용어법에 따랐다. 그러나 '적십자국제위원회'로 번역하는 것이 기구 성격을 더 잘 나타내는 것으로 볼 수도 있다.

(제1협약), '해상에 있어서의 군대의 병자, 부상자 및 조난자의 상태개선에 관한 협약'(제2협약), '포로의 대우에 관한 협약'(제3협약), '전시에 있어서의 민간인의 보호에 관한 협약'(제4협약)이다. 이들 협약들은 총 429개조에 이르는 것으로 네 개 협약을 합쳐서 제네바협약 내지 전쟁희생자보호협약이라고 부르고 있다.

이들 협약은 기존 적십자협약의 개정에 그치지 않고 새로운 성격이나 내용을 담고 있으며, 특히 제4협약은 처음으로 민간인 보호를 직접적으로 규정한, 말 그대로 새로운 협약(민간인협약)이다. 제2차 세계대전이 민간인에게 커다란 희생을 강요하였던 것을 반성한 것이다. 또 제2차 세계대전의 실행에서 다투어진 점으로, 점령 지역 내외에서의 레지스탕스나 파르티잔이 상대방에게 체포되었을 때는 전투원이 아니라고 하여 처형해서는 안 되며 포로 자격을 가진다는 것도 인정하였다.

이들 협약의 적용범위는 전쟁선언이 없는 '사실상의 전쟁'에도 미친다는 것이 명시되었다. 전쟁선언이 없었던 만주사변 이래의 중일전쟁에서 당시의 전쟁법의 적용 가부가 문제 되었던 사실을 상기하면 그러한 명시의 의의를 알 수 있다. 이 협약이 전쟁위법화하에서 침략으로 간주되는 무력분쟁(침략 상대국에게는 자위전쟁 내지 제재전쟁)에도 동일하게 적용된다는 것은 분명하다. 나아가 이들 네 개 협약에는 '국제적 성격을 띠지 아니한 무력충돌'로 불리는 내전에 적용되어야 하는 공통규정도 포함되어 있다.

그 뒤 1977년에는 제네바협약에 대한 두 개의 추가의정서가 채택되었다. 이들 추가의정서는 전후 국제사회에 불어닥친 식민지 · 종속지역 인민의 해방투쟁과, 그로부터 탄생한 다수 아시아 · 아프리카 국가들의 등장을 배경으로, 전후의 무력분쟁 특히 자결권에 근거한 민족해방투쟁이나 내전의 현실에 맞도록 하기 위하여 작성되었던 것이다. 그중에서도 한편으로는 게릴라전, 다른 한편으로는 전례 없는 공습이 이루어지고 또 '신무기 실험장'이라고 일컬어졌던 베트남전쟁의 경험에 입각하여 규정이 작성되었다. 제네바협약 추가의정서는 제네바협약을 보완할 뿐만 아니라 무력분쟁 시에 특히 일반 주민이나 민간인을 보호하는 관점에서 해적(害敵) 수단 · 방법 규제(예컨대 무차별폭격 금지, 식료품과 음료수 등 주민 생존에 불가결한 물건 파괴 금지, 환경무기 사용 규제 등)에 관해서도 규정하고 있다는 점이 특징적이다.

중대한 위반행위에 관한 규정

제네바협약과 추가의정서는 그 규정을 위반하는 행위 즉 전쟁범죄에 해당하는 행위를 중대한 위반행위와 그 이외의 것으로 나누고 있다. 중대한 위반행위는 열거하고 개별적으로 규정하고 있다. 다음 것들이 중대한 위반행위들이다(제1협약~제4협약 순으로 제50조, 51조, 130조, 147조, 제1추가의정서 제85조 제2~4항).

- 살인.
- 고문 또는 비인도적 대우(생물학적 실험을 포함).
- 신체 또는 건강에 대하여 고의로 중대한 고통을 주거나 또는 중대한 상해를 야기하는 것.
- 군사상 필요에 따라 정당화되지 아니하는 불법 및 자의적인 재산의 광범한 파괴 또는 징발.
- 포로협약이나 민간인협약에 의하여 보호되는 자를 적국 군대에 복무하도록 강요하는 것.
- 포로 또는 민간인협약에 의하여 보호되는 자로부터 공정한 정식 재판을 받을 권리를 박탈하는 것.
- 인질행위.
- 민간인협약에 의하여 보호되는 자를 불법적으로 구금하는 것.
- 민간인협약에 의하여 보호되는 자를 불법적으로 추방하거나 이송하는 것.

이들 행위는 예시가 아니라 한정 열거이다. 즉, 여기에 열거되어 있는 것만이 중대한 위반행위로 간주된다. 이 열거를 일별하면 명확한 바와 같이 이들 행위 중의 많은 것들은 바로 제2차 세계대전 중에 나치 독일과 일본군 등에 의하여 빈번히 실행되어 뉘른베르크 재판이나 도쿄 재판, 나아가 전승국의 국내 군사재판에서도 다루어졌다. 또 당시의 전쟁법규 위반 여부를 둘러싸고 논란이 되었던 것들이다. 예컨대 인질 살해가 전쟁범죄라는 것은 확실하지만 '인질로 잡는 것'도 위법인지의 여부에 관해서는 다툼이 있었다. 여기서는 명확하게 이런 행위를 중대한 위반행위로 들고 있다.

이 목록은 추가의정서에 의하여 보완되었다. 그중에는 일반주민 또는 민간인을 공격 대상으로 삼는 것 등의 일정한 행위가 추가의정서의 관련 규정을 위반하여 고의로 저질러지고 또 그런 행위들이 죽음을 초래하거나 신체 또는 건강에 대한 중대한 위해를 발생시킨 경우(제85조 제3항), 그리고 점령국이 자국 일반 주민 일부를 점령 지역으로 이송하는 것 등의 일정한 행위가 고의적으로 그리고 제네바협약과 추가의정서를 위반하여 실행된 경우(동 제4항)도 규정되어 있다. 또 아파르트헤이트 실행과 같은 인도에 반한 죄에 해당하는 것도 여기에 열거되어 있다.

이러한 것들은 해적 수단·방법의 규제에 관한 규정에 입각하여 전후의 각종 무력분쟁에서 일반 주민이나 민간인이 공격 대상이 되거나 그 밖이 희생이 되는 일이 많다는 현실을 고려하고 있다.

추가의정서는 이들 중대한 위반행위의 성질을 '전쟁범죄'로 규정하였다(제85조 제5항). 중대한 위반행위와 그 밖의 것을 구별한 것은 그것을 억압하는 방식이 다르기 때문이다. 중대한 위반행위 이외의 것은 이들 협약 체약국이 그러한 행위들을 "방지시켜야" 한다. "방지시킨다"고 하는 표현은 넓게 이해되며 위반행위의 중대성이나 상황에 따라 행정적, 징계적, 형사적 조치를 가한다.

이에 비하여 중대한 위반행위에 관해서는 두 개의 특징이 지적된다. 하나는 그러한 행위를 하거나 할 것을 명령한 사람에 대한 유효한 형벌을 규정하기 위하여 필요한 입법을 할 체약국의 의무이다. 또 하나는 이러한 위반행위가 국내법원의 보편적 관할권에 복종하는 것이다. '인도할 것인가 재판(처벌)할 것인가 aut dedere aut judicare(punire)' 원칙에 따라 행위자의 국적 여하를 불문하고 자국 법원에 공소를 제기하거나 아니면 희망하는 경우에는 자국 법령 규정에 따라 그 사람을 다른 관계 체약국의 재판을 위하여 인도하여야 한다(제VI장 2 참조). 보편적 관할권은 도망갈 길을 막는 양자택일적인 해결책을 제공하고 있는 것이다. 이 원칙을 엄격하게 적용하면 패전국 개인만이 중대한 위반행위의 죄책으로 처벌되고 전승국 개인은 처벌되지 않는 불공정함도 일반적으로 시정될 수 있을 것이 틀림없다.

이들 협약은 체약국이 관할권을 인정하는 국제법원에 중대한 위반행위의 용의자를 인도하는 것을 배제하지 않는다. 국제적십자위원회는 후술하는 구유고국제형사법원 설치를 전쟁범죄인 처벌의무를 진정으로 실시하기 위한 중요한 한 걸음으로 간주하였다. 이는 상설의 국제형사법원 설치를 향한 첫 걸음이기도 하다.

V

개인책임을 둘러싼 논의

1. 전쟁범죄의 책임을 누가 져야 하는가

앞 장에서 살펴본 전쟁범죄 개념의 역사적 전개 속에서 이미 단편적으로 언급해 온 것이기는 하지만, 전쟁범죄의 책임은 도대체 누구에게 귀속되는 것일까. 이 문제는 그 책임이 국가에 귀속되는가 개인에 귀속되는가라고 하는 형태로 제기되며, 후자의 경우에는 교전국 국민 전체에게 귀속되는가(이 경우 실질적으로는 그 교전국의 책임과 동일시되는 것이 된다), 국가 지도자와 군대 지휘관에 귀속되는가, 아니면 개개 병사나 민간인에 귀속되는가라는 문제가 될 것이다.

개인에게 책임이 귀속되는 경우에는 그 개인이 지도자이건 병사이건, 일반적으로 적국 법원에서의 소추 · 처벌, 경우에 따라서는 국제법원에서의 소추 · 처벌이라는 방법으로 책임을 해제하는 것이 요구된다. 한편, 국가들은 전쟁범죄를 저지른 자국 장병을 일반적으로 재판에 부치고 싶어 하지 않는다. 자국민을 소추하는 일에 소극적인 이유를 이해하기 위해서는 개별적인 전쟁범죄와 조직적인 전쟁범죄행위를 구별하는 것이 적절할 것이다.

도쿄 재판의 최연소 판사였던 뢸링(Bert Röling, 네덜란드)의 분류에 따르면 전쟁범죄에는 두 개 유형이 있다. 먼저 개인적이고 이기적인 이유로 국내 규칙과 상관 명령을 무시하고 개인이 저지르는 범죄(살인 · 강간 · 약탈)라고 하는 우연적 · 부수적 범죄가 있다. 이 경우 그런 사람의 행위가 군사규율을 침해하거나 현지 주민을 극히 적대적으로 만들기 때문에 상관은 내키지 않더라도 그런 범죄자를 소추하지 않을 수 없다. 이런 종류의 것을 개별범죄라고 부르면서, 일반적인 정책의 결과로 또는 국가이익을 위하여 저질러지는 조직범죄와 대비시킬 수 있다.

후자는 국가의 군사적 목적에 도움을 주기 위하여 저지른 범죄, 승리 촉진을 위하여 사용한 위법한 수단의 행사에 의한 범죄이다. 생명 구호 거부, 인민에 대한 위협, 금지된 무기 사용 등의 범죄는 일반적으로 여기에 해당한다. 이러한 경향은 정식으로 표명되고 정식 명령이나 요청하에서 저질러지는 범죄, 또는 정식으로 허용되거나 고의 또는 태만에 의하여 방지되지 않은 범죄로 이어지게 된다. 그중의 많은 것들은 가장 중요한 종류의 전쟁범죄행위이다. 그중에서도 주목되는 것은, 예를 들어 도시·마을 등을 포함한 광범위한 자유폭격지역 설정, 불필요한 고통을 주는 특정 무기의 사용 명령과 같은 특정 행위가 계획되고 명령되는 것이다. 이는 승리에 공헌하는 한 전쟁법 위반을 허락하고 허용하며 용서하는 공적 정책이다. 또는 군사목적을 촉진하기 위하여 수행된다면 전쟁법 위반을 억제하려고 하지 않는 공식정책이다. 제노사이드도 보통 여기에 포함될 수 있다는 것은 두말할 필요가 없다.

전쟁범죄행위를 이렇게 사회학적으로 구별함으로써 국가 당국의 태도를 더 잘 이해할 수 있다. 원칙적으로 국가 당국은 스스로 공식적으로 허용하여 온 범죄를 이유로 자국 병사를 기소하거나 처벌하는 것을 거부하려고 한다. 많은 국가가 이러한 태도를 취하여 왔다. 전후 일본의 경우도 그랬다. 독일은 예외라고 말하기도 한다. 독일은 제2차 세계대전 중의 이른바 나치 범죄, 특히 '인도에 반한 죄'를 지금도 소추하고 있다.

전후 대표적인 무력분쟁인 베트남전쟁에서도 당사국은 자국 병사의 위법행위를 소추하는 것을 원하지 않았다. 미국 내외 여론의 항의를 받고서야 미 당국은 후술하는 칼리(William Calley Jr.) 중위 같은 병사를 재판에 회부하였다[손미(Sơn Mỹ) 사건. p.200 참조]. 더 높은 지위에 있는 장교들은 기소를 면하였다. 한편, 적 법원 또는 국제법원에 회부되는 주요 사건의 대부분은 조직범죄로 분류할 수 있는 것들이었다.

2. 커맨드(지휘 · 명령) 책임

당국의 작위의무
위반

조직범죄는 결국 범죄를 허용하는 당국의 문제가 되기 때문에 그러한 당국의 형사책임, 즉 상관의 형사책임을 문제 삼아야 한다.

1968년의 전쟁범죄에 대한 시효부적용협약은 전쟁범죄나 인도에 반한 죄 중의 어느 하나가 저질러진 경우, 그런 범행에 참가하거나 다른 사람을 직접 교사하거나 그런 범죄를 공모한 '국가당국 대표'(그리고 사적 개인)에게, 그리고 '이들 범행을 허용하는 국가 당국 대표'에게 이 협약 규정이 적용된다고 하고 있다(제2조). 한편 1949년 제네바협약은 중대한 위법행위를 했거나 할 것을 명령한 사람만을 언급하고, 범죄를 저지르는 것을 허용한 당국이나 범죄가 저질러지는 것을 알면서도 그 범죄행위를 방지하기 위하여 어떠한 조치도 하지 않은 당국에 관해서는 아무런 언급이 없다.

이 점에서 제네바협약은 뉘른베르크에서 적용된 여러 규칙과 일치하고 있다. 뉘른베르크 재판에서 유보트 장관 되니츠(Karl Dönitz)는 조난 선박 생존자를 살해하도록 명령을 내린 죄책으로 고소되었다. 이 사건에서 법원은 그가 생존자를 살해하도록 명령을 내린 것이 분명하게 입증되지 않았다고 생각하였다. 그리고 법원은 그러한 살해가 규칙적으로 이루어지고 있었는지, 그가 살해에 관하여 알고 있었는지, 살해 정지 명령을 내릴 수 있었는지와 같은 여러 가지 점들로부터 형사적 책임을 지는지의 여부 문제를 다루지 않았다. 그러나 살해정지명령과 같은 작위 의무를 지는 경우에 부작위를 이유로 한 형사책임을 문제 삼을 수 있었을 것이다.

이미 1907년 헤이그 육전규칙에서 군은 '부하에 대해 책임을 지는 자에 의하여 지휘'되는 것을 출발점으로 하고 있다(제1조). 뉘른베르크 법원이 이런 종류의 부작위를 다루지 않았다는 사실은 다분히 범죄적 명령이 내려진 경우가 압도적으로 많았기 때문일 것이다.

도쿄 재판은 훨씬 더 복잡한 사정 속에서 판결을 내려야 했다. 태평양 전장에서는 육지와 바다에서 대규모로 전쟁범죄가 실행되었다. 그러나 법원은 전쟁범죄를 범하라고 하는 중앙 당국 명령이라는 증거가 많지 않았다. 그 때문에 일본 피고인의 경우, 이들 범죄의 규칙적인 행위를 중지시킬 의무를 게을리했다는 죄책으로 중앙 당국이 기소되었던 것이다. 판결도 다음에 볼 미국 대법원의 야마시타(山下) 사건 판결의 다수파 판결 이유에 동의하였다.

야마시타(山下) 사건

이 사건은 태평양전쟁 중 잔혹행위를 한 일본군 병사를 지휘하는 지위에 있었던 사령관이 책임을 추궁당한 사건이다. 1944년 10월, 일본군의 패색이 짙은 필리핀군도에서 군사령관으로 임명된 대장 야마시타 도모유키(山下奉文)는 1945년 9월에 미군 포로가 되어 마닐라 미국 군사법원에 기소되었다. 기소 이유는 다음과 같다.

> 그 지휘하에 있는 병력의 행동을 통제하는 사령관의 임무를 불법적으로 무시하고 통제를 태만히 하여 미국과 동맹국, 속령의 사람들 특히 필리핀인에 대한 잔혹행위와 그 밖의 중대한 범죄를 허용함으로써 전쟁법을 위반하였다.

같은 해 12월 7일, 법원은 피고인의 유죄를 인정하여 교수형을 선고하였다. 야마시타는 인신보호영장 발급원과 재판중지청구 허가원을 미국 대법원에 제출했지만, 1946년 2월에 각하되어 같은 달 23일에 처형되었다. 상관책임의 근거에 관하여 마닐라 군사법원은 다음과 같이 말하고 있다.

> 피고인은 말레이시아, 유럽 및 일본 본토에서 전시뿐만 아니라 평시의 일본 제국 군대에서 광범위한 지휘와 참모의 의무를 지고 있었던, 많은 분야에서 오랜 경험을 가진 무관이다. 군대

를 지휘하는 명령이 광범위한 권한과 무거운 책임을 동반한다는 것은 명확하다. … 그의 병사 한 명이 살인이나 강간을 했기 때문에 사령관을 살인자 또는 강간자로 본다는 것은 당연히 말이 안 된다. 그러나 살인이나 강간 그리고 악의적이고 매우 집요한 행위가 광범위한 위반을 구성하고 또한 지휘관이 범죄행위를 발견하고 억제하려는 효과적 시도를 하지 않을 경우, 그런 사령관은 자신의 군대의 위법행위를 이유로 위법행위의 성질과 그것을 둘러싼 상황에 따라 책임, 형사적 책임을 질 수 있다.

그리고 결론적으로 ①일련의 학살과 다른 중대한 범죄가 야마시타 지휘하의 일본 군대 구성원에 의하여 저질러졌으며, 그것은 성질상 산발적인 것이 아니라 많은 경우 일본 장교에 의하여 조직적으로 감시되었다는 사실, ②문제 기간 동안 야마시타가 그의 군대를 효과적으로 억제하는 것(이는 사정이 요구하는 일이었다)을 태만히 한 사실을 들었다. 단, 통신선이 파괴된 상황에서 미루어 판단하건대 야마시타가 그렇게 할 권한을 가지고 있었는지를 의문시하는 사람도 있었다.

여기서, 당시 필리핀에서 일본군 병사가 한 행동이 산발적인 것이 아니라 조직적인 범죄행위로 간주된 사실을 주목할 필요가 있다. 그리고 이 재판에서는, 상관은 자신이 부하에게 지휘·명령한 행위에 대해서만 책임을 진다는 견해도, 거꾸로 상관은 부하의 모든 범죄행위에 대하여 책임을 진다는 견해도 취하지 않고, 그 중간이라고도 할 수 있는 입장, 이른바 위반행위 방지태만의 책임을 인정하는 입장을 취한 것이다.

도쿄 재판에서는 피고 중 19명이 제55 소인으로 기소되었다. 왜냐하면 그들은 "각자의 관직에 의하여 … 당시 일본의 권력하에 있었던 이들 국가들의 수만 명의 포로와 일반인에 관하여 상기 조약과 보증 그리고 전쟁의 법규관례 준수를 확보할 책임을 지는 바, 그 준수를 확보하고 그 위반을 방지하는 적당한 수단을 취하여야 하는 법률상의 의무를 고의 또는 부주의로 무시하였으며 그로써 전쟁법규를 위반"하였기 때문이다.

이 '위반행위 방지태만의 범죄'에 대한 비판도 있다. 그러나 뢸링에 따르면 이러한 부작위를 이유로 한 형사책임 원칙은 다음 경우에는 부정할 수 없다. 즉 권한 있는 사람이 ①범죄가 규칙적으로 저질러지는 것을 알았거나 알아야만 했다는 것, ②범죄적인 실행에 개입할 권한을 가지고 있었다는 것, ③문제된 분야에 관하여 특별한 책임을 지고 있었다는 것이다. 단, 부작위 책임이 어디까지 추궁되어야 하는지는 극히 어려운 문제이다. 도쿄 재판에서 뢸링은 의견서 속에서 전 외무장관 히로타(広田) 피고인이 군 검열 때문에 '난징학살사건'을 적절한 기간 내에 알지 못하도록 방해를 받고 있었다고 하여, 마찬가지로 시게미츠(重光) 피고인도 일본 국내법에서는 전쟁법 위반에 관한 탐구와 조사를 할 권한도 자격도 외무장관에게는 부여하지 않았다고 하여, 그들에 대한 유죄판결에 이의를 제기하였다.

위반행위 방지태만책임의 명문화

이 위반행위 방지태만책임은 국내법에서도 인정되어 있다. 미국 육전법[1](1956년)에는 "지휘관은, 그가 받은 보고 또는 다른 수단을 통하여, 그의 통제에 복종하는 군대 또는 그 밖의 사람이 전쟁범죄를 범하려 하고 있거나 범했다는 사실을 실제로 알거나 알아야만 했다면 그리고 그가 … 전쟁법 준수를 확보하기 위하여 필요하고도 합리적인 수단을 취하지 않는다면 … 책임을 진다"(제501절)[2]고 되어 있다. 전쟁범죄인을 소추할 또 다른 의무로서 "(지휘관은) 그 부대 구성원에 의하여 범하여진 전쟁범죄가 … 신속하고도 적절하게 처벌되는 것을 보증하여야 한다"(제507절 b)[3]고 되어 있다.

이러한 규칙은 영국 육전법매뉴얼[4](1958년) 등에서도 볼 수

1) The Law of Land Warfare.

2) The commander is also responsible if he has actual knowledge, or should have knowledge, through reports received by him or through other means, that troops or other persons subject to his control are about to commit or have committed a war crime and he fails to take the necessary and reasonable steps to insure compliance with the law of war or to punish violators thereof.

3) Commanding officers of United States troops must insure that war crimes committed by members of their forces against enemy personnel are promptly and adequately punished.

4) Manual of Military Law.

있다.

하지만 이를 국제 조약 속에서 정식화하는 것은 쉽지 않다. 1949년 제네바협약에 대한 제1추가의정서 초안(1973년 국제적십자위원회)은 다음과 같은 부작위 규정을 제안하고 있었다.

1. 체약국은 작위의무를 이행하지 않는 것에 근거한 제협약 또는 이 의정서 위반을 처벌할 것을 약속한다.
2. 제협약 또는 이 의정서 위반이 부하에 의하여 행하여졌다는 사실은 만약 부하가 그러한 위반을 범하였다거나 범하려고 하는 것을 상관이 알거나 알아야만 하는 경우에는, 그리고 상관이 그 권한 내에서 위반을 방지하거나 억압하여야 하는 조치를 취하지 않은 경우에는, 상관의 형사책임을 면제하지 아니 한다.

그러나 이를 조약으로 채택하기 위한 외교회의에서는 "알아야 하였다"를 둘러싸고 그 삭제 또는 유지를 요구하는 대립된 의견이 나왔기 때문에 "당시의 상황하에서 그렇게 결론지을 수 있을 만한 정보를 갖고 있었을 경우"(제1추가의정서 제86조 제2항)라고 하는 완화된 표현으로 겨우 콘센서스에 도달할 수 있었다.

3. 상관명령의 항변

부하의 법적 입장

전쟁(인도)법 위반행위를 범한 경우 책임을 지게 되는 것은 보통 그 위반행위를 직접 한 병사일 것이다. 그러나 전쟁에서 위반행위는 종종 상관의 명령에 따라 이루어진다. 그리고 군대 내지 무장조직은 상명 하달의 철저한 계층조직이며, 부하는 상관의 명령에 대한 절대 복종을 요구받는 것이 일반적이다. 때문에 위법행위를 행한 부하는 나중에 체포되어 재판에 회부되었을 때 상관의 명령에 따라 한 일이므로 자신에게는 책임이 없다는 항변을 한다. 이런 항변은 과연 인정되어야 하는 것일까. 이 문제는 시대와 사례에 따라 다르게 처리되어 왔으며 반드시 통일된 원칙이 있다고 말할 수는 없는 것이 현재 상황이다.

특히 이미 보았듯이 조직범죄와 같은 상황에서 상관의 명령으로 범죄행위를 한 사람의 법적 입장은 어떻게 되는 것일까. 이는 뉘른베르크 재판과 그 밖의 제2차 세계대전 후의 전쟁범죄 재판에서 매우 심각한 문제였다. 뉘른베르크 재판에서 피고인은 누구나 할 것 없이 총통의 명백한 명령에 따라 현행 독일법을 집행했을 뿐이라고 항변하였던 것이다.

과연 상관명령의 항변은 허용되는가. 허용된다고 하더라도 상관명령의 항변을 적용하기 위한 기초로 사용되어야 할 기준은 어떤 것인가.

남북전쟁의 위르츠 사건

이 문제는 결코 새로운 것이 아니다. 1865년 미국 남북전쟁이 끝났을 때 조지아 주 앤더슨빌(Andersonville) 포로수용소의 전 남부연합군 헨리 위르츠(Henry Wirz) 대위는 그의 감독 아래에 있었던 북부연방군 포로를 학대하고 살해한 죄책으로 연방군위원회 재판에 회부되었다. 위르츠는 개인적인 변론에서 다음과 같이 상관명령의 항변을 제기하였다.

> 하급 장교로서 나는 공적 의무를 다하기 위하여 단순히 나의 상관의 법적 명령을 따랐다. 그러므로 나는 '그러한 명령을 내렸던 동기 때문에 책임을 질 수는 없다'는 것을 자명한 진술로서 주장할 수 있다고 생각한다.

이 주장에 반대하여 검사는 다음과 같이 말하였다.

> 나는 그가 언제나 윈더(John H. Winder) 장군의 명령하에 행동하였다고 주장하고 있음을 잘 알고 있다. 논의의 전개상 그가 그렇게 행동했다는 것을 나는 인정하겠다. 상관이 부하에게 위법행위를 하도록 명령할 수는 없다. 만약 부하가 그러한 명

령에 따르고 또 의심스러운 결과가 발생한다면 상관과 부하는 각각 그 책임을 져야 한다. 원더 장군이 피고인에게 전쟁법을 위반하도록 명령할 수 없었던 것과 마찬가지로 피고인도 명령 없이 그렇게 할 수는 없었다. 이 결론은 알기 쉽고도 명확하다. 이러한 명령이 존재하면 두 사람 모두 유죄이다.

이리하여 위르츠는 유죄가 인정되어 사형을 선고받았다.

제1차 세계대전의 경우

제1차 세계대전 때는 어떠했는가. 앞에서도 설명한 사건으로, 라이프치히 대법원이 다룬 사건 중의 하나인 랜도베리 캐슬 사건, 즉 독일 잠수함이 어뢰공격을 가한 병원선 구명정에 발포를 해야 한다고 한 사령관 명령에 따라 망을 보았던 두 명의 사관에 대한 재판에서 독일 법원은 다음과 같이 말하였다.

(독일) 군형법전에 의하면, 만약 의무의 통상적인 과정에서의 명령을 이행하는 것이 처벌될 수 있는 법 위반을 포함하고 있는 경우에는 그러한 명령을 내리는 상관만이 책임을 진다는 것이 진실이다. 그러나 만약 상관의 명령이 민법 또는 군법 위반을 포함하고 있다는 것을 부하가 알고 있다면 명령을 따르는 부하는 처벌을 받을 책임을 진다. 이것이 피고인의 경우에 해

당한다. 군사상의 부하가 상관의 명령을 의문시하여야 할 의무는 없으며, 또 그 합법성을 신뢰할 수 있다는 것은 확실히 부하에게 유리한 주장이다. 그러나 그러한 명령이 의심할 여지없이 법에 반한다는 것이 피고인을 포함한 누구에게도 주지의 사실이라면 그런 신뢰가 존재한다고 할 수 없다.

두 피고인은 법원에 의하여 유죄가 인정되어 유기금고형을 선고받았다. 한편, 그 이전의 도버 캐슬(Dover Castle)호 사건에서 동일한 법원은 영국 병원선을 격침시킨 죄책으로 기소된 피고인을 무죄로 석방하였다. 그 이유는 피고인이 복종하였던 명령이 그 선박의 악용에 대한 합법적인 복구(復仇)로서 정당화되었다고 피고인이 진정으로 믿고 있었다는 데 있었다.

어떤 학자(딘슈타인)[5)]는 이 랜도베리 캐슬호 사건 결정을 다음과 같은 규칙을 정하는 것으로 해석하고 있다. 즉 그 규칙이란 독일 국내법상 "부하는 그가 받은 명령의 합법성을 신뢰할 수 있다. 그러나 그 명령의 위법성이 모든 사람(그 부하 자신도 제외되지 않고)에게 알려져 있을 때, 이 규칙에 대한 예외를 만난다. 그 경우 부하는 그 명령에 관해서 주장되는 합법성에 더 이상 의거할 수 없다"고 하는 것이다.

5) 'Yoram Dinstein'을 의미하는 것으로 추정됨.

연합국의 견해

제2차 세계대전 중인 1943년 10월 20일, 연합국 중 17개국이 '연합국 전쟁범죄조사위원회'(나중에 '연합국 전쟁범죄위원회'가 됨)를 설치하였다. 이 위원회 법률위원회는 상관명령에 관하여 전승 교전국 사이의 일반적인 이해를 얻는 것이 바람직하다고 결론을 내리고 다음 규칙이 국제법에 합치되고 있다는 것을 믿는다고 말하였다. "상관명령에 대한 복종의 항변은 그 명령이 이들 법규관례를 명백하게 위반하는 경우, 그런 사람의 등급이나 지위 그리고 위반행위를 둘러싼 사정을 고려하여 통상적인 이해력을 가진 개인이 그러한 명령이 위법이라는 것을 알고 있을 것이 틀림없는 경우에는, 전쟁의 법규관례를 위반하는 것을 정당화하는 것은 아니다"라고 하는 것이다.

1945년 당초 미국은 독일의 주요 전쟁범죄인을 재판하는 국제군사법원 제안을 준비하였는데 그 속에서 이 문제에 관한 제안을 하였다. 그 뒤 런던 회의의 토의를 거쳐 그 수정안이 뉘른베르크조례 제8조로 최종 채택되었다. 즉 "피고인이 그 정부 또는 상관의 명령에 따라 행동하였다는 사실은 피고인의 책임을 해제하는 것은 아니지만, 이 법원에서 정의가 요구하는 것으로 인정하는 경우에는 형의 경감을 위하여 고려할 수 있다"고 하는 것이다.

또 극동조례도 이와 마찬가지로 피고인의 책임으로 규정하였다(제6조).

국제군사법원에서의 적용

뉘른베르크 국제군사법원은 이 규칙을 적용하여 다음과 같이 말하였다. "이 조 규정은 모든 국가의 법에 일치하고 있다. 병사가 전시국제법을 위반하여 살해하거나 고문할 것을 명령받았다는 것은 그러한 잔혹행위에 대한 항변으로서 결코 인정되어 오지 않았다. 다만, 조례가 여기에서 규정하고 있는 바와 같이 그러한 명령은 처벌 경감을 위하여 주장될 수는 있다 하더라도. 대부분 국가의 형법에서 다양하게 드러나는 진정한 기준은 명령의 존재 여부가 아니라, 도덕적 선택이 사실상 가능하였던가의 여부이다." 또 이 판결 다른 부분에서는 다음과 같이 말한다.

> 그들(피고인들 중 몇 사람)은 그(히틀러)의 목적을 알고 있으며, 그에게 협력하였을 때 스스로 그가 시작한 계획의 당사자가 되었다. 그들은 스스로 행하고 있었던 일을 알고 있었다고 하더라도[6] 히틀러가 그들을 이용하였기 때문에 무죄라고 생각되지는 않는다. 그들이 독재자에 의하여 직무를 부여받았다는 사실은 그 행위의 책임을 그들로부터 해제하지 않는다. 지도자와 추종자의 관계는, 국내 조직범죄에서 동일한 정도의 횡포가 있었던 경우와 마찬가지로, 여기서 책임을 배제하는 것은

---

6) "알고 있었다고 하더라도"라고 되어 있는 이 부분의 원문 의미는 불명확하다. "알고 있었기 때문에"라고 하는 것이 문맥이 통한다.

아니다.

육군 최고사령관 카이텔과 국방군 통합참모부 장관 요들(Alfred Jodl)에 관한 유죄 평결 이유를 밝히는 중에 법원은 제8조 규정이 상관명령의 항변을 배제하고 있다는 것을 언급하였다. 각 피고인에 관하여 특별히 경감 이유는 발견되지 않았던 것이다.

미 군사법원의 판례

연합국의 독일관리이사회 법 제10호 제2조 제4항 (b) 규정은 "어떠한 사람도 그의 정부 또는 상관의 명령에 따라 행동하였다는 사실이 그 사람의 범죄책임을 면제시키지 않지만, 경감에 관하여 고려될 수 있다"고 하는 것이다. 이는 뉘른베르크조례 규정과 실질적으로 동일하다. 이 법률 제10호에 따라 소집되었던 미 군사법원은 몇몇 사건에서 이 규정을 적용하였다. 여기에서는 다음 두 사건 판결에 나타나는 미묘한 설명을 보고자 한다.

우선 인질 사건에서 법원은 다음과 같이 말하였다. "우리는 만약 명령의 위법성이 부하에게 알려져 있지 않았고 그가 그 위법성을 아는 것을 합리적으로 기대할 수 없었다면, 범죄를 저지르기 위하여 필요한 악의의 의도가 없다는 견해, 그리고 부하는 보호된다는 견해를 취한다. 그러나 군대 구성원은 그들의 지휘관의 합법적인 명령만을 따라야 하므로, 그들이 국제법을 위반하고 정의의 기본적 관념을 짓밟는 명령을 따랐을 때 형사책임을 면할 수는 없다는 것이 일반 규칙이다." 요컨대 법원은 다음과 같은 견해를 취하였다. 즉, 만약 명령이 위법이라는 것을 부하가 몰랐고 또 아는 것을 기대할 수 없었다면, 부하에게 범의가 없으며 따라서 유죄가 아니라는 것이다.

아인자츠구루펜 사건의 의견도 이와 같은 효과를 가지고 있다.

> 피고인 중에 이 재판 주제인 대량 살해에 참여한 것을 인정하는 사람은 그들이 군사적 명령하에 있었기 때문에 그들 자신의 의사를 가지고 있지 않았다고 주장하였다. 범죄에 대한 책임을 위하여 의사는 불가결한 것이므로, 그들은 강제적인 상관명령하에서 인정된 집행을 행한 것이기 때문에 범죄에 관하여 무죄라고 주장한다. … (그러나) 병사의 복종은 자동인형의 복종이 아니다. 병사는 이성 있는 기관이다. 그는 기계의 일부처럼 반응하는 것이 아니며 또 기계의 일부처럼 반응하도록 기대되지도 않는다. 그의 지휘관이 그에게 행하도록 명령하는 모든 일을 하도록 병사가 요구받는다고 하는 것은 널리 유포된 잘못된 믿음이다. … 부하는 그의 상관의 합법적 명령에 따르는 것에만 구속되며 또 만약 그가 범죄적 명령을 수용하고 동시에 그 자신의 범의로 그것을 집행한다면 그는 자신의 범죄의 경감

을 위하여 상관명령을 주장할 수는 없다. 만약 명령된 행위의 성질이 명백하게 상관의 권한 범위를 넘은 것이라면 부하는 그 명령의 범죄성에 대한 무지를 주장할 수 없다.

국제연합 시대의 정식화 모색

제2차 세계대전 이후 전술한 바와 같이 국제연합이 '뉘른베르크 원칙 정식화' 작업을 진행하는 속에서, 또 인도법의 법전화를 목표로 하는 외교회의에서, 상관명령의 항변 문제가 검토되어 왔다. 특히 후자의 경우 이 문제를 정식화하려는 시도는 상당한 우여곡절을 겪게 되었다.

1948년 제17회 국제적십자회의의 권고를 받은 국제적십자위원회는 전문가 협력을 얻어 만든 인도적 협약 위반에 대한 처벌 규정 속에 다음 것들을 포함시켰다. "피고인이 상관명령에 따라 또는 법이나 규칙을 이행하여 행동하였다는 사실은, 만약 사정에 비추어 볼 때 피고인이 이들 협약을 위반하였다고 하는 합리적인 근거를 제시할 수 있는 경우에는, 유효한 항변을 구성해서는 안 된다. 그러나 만약 사정이 정당화한다면 처벌은 경감되거나 면제될 수 있다." 이 규정은 동 위원회가 설명하는 바와 같이 상관명령의 항변을 형의 경감 상황으로만 인정한 뉘른베르크조례 정도로 나아간 것이 아니다. 이 규정은 한편으로는 명령에 대한 복종 즉 군사적 규율의 필수적인 요구와, 다른 한편으로는 방어가 없는 부녀자 학살과 같은 명백한 잔혹행위에 반대하는 도덕적 의무 사이에서 수용할 수 있는 타협을 나타내고 있다. 여기에서 입증책임은 기소하는 쪽에 부과되어 있다.

그러나 1949년 제네바 외교회의에서는 '상관명령'의 항변이라고 하는 관념에 관하여 일반적 합의가 달성될 수 없었다. 그 때문에 상관명령의 항변은 국내법을 적용하는 판사에게 맡겨져야 하는 일이라고 하여 위와 같은 규정 문안을 폐기하였다. 그 결과, 제네바협약에는 상관명령에 관한 규정이 전혀 없다.

제네바협약에 대한 추가의정서 준비 과정에서도 국제적십자위원회는 다음과 같은 조항 삽입을 제안하였다. "체약국은 부하가 협약과 이 의정서 제 규정의 중대한 위반행위를 범하게 하는 명령에 따를 의무에서 면제되는 원칙의 모든 적용을 위하여 따라야 할 절차를 결정하여야 한다."(제75조 제2항) 이 무미건조한 규정에 관하여 동 위원회는 다음과 같이 말하고 있다. 상관명령의 기본 문제는 뉘른베르크 법원 판결에서 정해진 지침과 일치하는 방식으로, 국내법 수준에서 해결되어야 한다고 생각된다. 즉 만약 실행되면 인도법의 중대한 위반을 구성하게 될 명령에 따르는 것을 병사가 거부할 수 있어야 한다는 것이다.

그러나 그 뒤 추가의정서 작성을 위한 외교회의 위원회에서는 '상관명령'이라는 제목이 붙은 다음 조문을 삽입하는 것이 인정되었다.(제77조)

1. 체약국은 명령에 대한 불복종을 처벌하는 체약국의 국내법

이 협약과 이 의정서의 중대한 위반을 구성하는 명령에 적용 되어서는 안 된다는 것을 확보할 것을 약속한다.

2. 당국 또는 상관의 명령에 따라 행동하였다는 단순한 사실은 다음의 경우에 피고인을 형사책임으로부터 면제시키지 않는다. 즉 그 당시의 상황에서 그가 협약 또는 이 의정서의 중대한 위반을 하는 것을 알고 있었거나 알았어야 한다는 것이 증명되는 경우. 그러나 그것은 처벌 경감에 관하여 고려될 수 있다.

그러나 이 조문에 대해서도 많은 대표로부터 불만이 제기되어 마침내 추가의정서도 상관명령에 관한 규정을 두지 않게 되었다. 이처럼 국제연합 시대에 들어와 상관명령의 문제를 정식화하려는 시도는 모두 실패했다. 이런 어려움의 이유는 뉘른베르크 미 군사법원 수석검사를 맡았던 테일러(Telford Taylor)가 나중에 자신의 저서 『뉘른베르크와 베트남』(1970년)에서 말하고 있다.

4. 인식과 공포

테일러에 따르면 상관명령의 문제는 두 가지 측면, 즉 인식 측면과 공포 측면을 가진다고 일컬어진다. 우선 전쟁범죄를 저질러야만 한다고 하는 상관명령은 만약 그것이 허용될 수 있는 '법의 착오error juris'를 초래한다면 완전한 항변이 된다. 몇몇 전쟁 규칙에 관해서는 다툼이 있다. 적의 위법행위에 대하여 스스로도 위법행위로써 대응하는 복구(復仇)의 경우 올바른 결정에 도달하는 것은 어려운 점이 있다. 범인이라고 하는 사람이 명령받은 행위가 위법임을 몰랐거나 알 것이 합리적으로 기대되지 않았다는 것은 있을 수 있는 일이다. 그는 그 행위가 범죄행위라는 사실을 알아차리지 못했기 때문에 죄가 없다. 이것이 상관명령에 관한 첫 번째 항변이라고 일컬어진다.

다음으로 그 명령이 위법하다는 것을 그가 인식하고 있었던 경우, 두 번째 항변이 가능해진다. 피고인은 다음과 같이 주장할 수 있다. 즉 나는 내가 하고자 하는 일이 범죄라는 사실을 알고 있었다. 하지만 만약 따르지 않으면 나는 즉시 총살되었을 것이기 때문에 그것을 따르지 않을 수 없었다. 나는 명백하게 강박을 당하는 처지에 있었다. 왜냐하면 나는 복종하지 않으면 중대한 개인적 피해를 받는다는 것을 실감하고 있었기 때문이다. 그 결과, 이 항변은 처벌 경감 또는 원래의 불처벌로 이끌어 가는 것이라고 일컬어진다.

밀그램의 실험

이와 관련하여 심리학자 밀그램(Stanley Milgram)이 자신의 저서 『권위에 대한 복종』[7](1947년)에서 제시한 '실험'을 소개하고자 한다. 그 실험에서는, 고통을 일으키는 어떤 일이 학습과정을 촉진시킬 수 있는 것인지의 문제에 관하여 연구한다고 피실험자에게 말해둔다. 그리하여 피실험자는 다른 사람에게 고통을 가할 것을 요구받는다. 그 결과 피실험자의 60퍼센트 이상이 '통렬하고 위험한 충격'이라고 하는 전기충격을 기꺼이 가하였다고 하는 것이다. 피실험자는 '대리인상태'라고 일컬어지는 환경의 정신적 증상에 빠지고 말았다. 밀그램은 대리인상태를 "한 사람이 다른 사람이 바라는 것을 실행하기 위한 대리인으로 스스로를 간주할 때의 사람의 조건"이라고 정의하고 이 개념을 그의 분석의 핵심으로 보았다. 그것은 개인이 그가 소속된 체제 속에서 자신의 양심의 가치를 권위의 가치로 대체하는 상태이다. 이는 책임 상실을 의미한다. 초자아superego 기능은 행위의 선악평가로부터 '권위체계 속에서 사람은 어느 정도로 제대로 역할을 하는가에 대한 평가'로 이행한다. 군사교육은 개인 가치를 권위자 집단 가치로 대체하는 경향이 있다. 실험실의 이런 결과를 전쟁범죄와 같은 행위에 그대로 적용하는 것은 문제가 있을지도 모른다. 밀그램에 따르면 무엇보다 이 심리실험을 하는 동기

---

7) *Obedience to Authority: An Experimental View.*

가 되었던 것은 다음과 같은 의문이었다. 즉, 왜 나치 시대에 보통 사람들이 유유낙낙하게 시키는 대로 순종하면서 수백만 유태인을 '최종처리'하였는가라는 의문이다. 그리고 나치 체제의 압력하의 경우뿐만 아니라 민주사회를 자부하는 미국에서도 베트남전쟁 때에 상공으로부터 주민에 대하여 네이팜탄이 투하되었으며 손미 사건이 발생하였다. 명령을 담담하게 실행하는 병사도 '대리인상태'에 있다고 말할 수 있을까?

제2차 세계대전 중 일본의 '팔굉일우(八紘一宇)[8]의 원리' 교육과 '살아서 포로의 치욕을 받지 않음'이라고 하는 전진훈(戰陣訓)[9]도 비슷한 초자아적인 기능을 하였다고도 할 수 있는 것은 아닐까?

---

8) '팔굉일우(八紘一宇)'는 일본의 역사서 『니혼쇼키(日本書紀)』에서 유래하는 말로 "온 천하가 한 집안" 또는 "온 천하가 한 집안에 사는 것처럼 사이좋게 지냄"의 뜻으로 쓰인다. 제2차 세계대전 중에 일본이 외국에 대한 침략을 정당화하는 구호로 썼다. 제2차 세계대전 후 일본을 점령한 연합군 최고사령관 총사령부는 군국주의나 과격한 국가주의를 상징하는 말이라는 이유로 이 말의 사용을 금지하였다.

9) 일본에서 일반명사로는 '전쟁터에서 지킬 교훈'이라는 뜻으로 쓰이는 말이지만, 특히 1941년 1월 8일에 당시의 육군대신 도조 히데키(東條英機)가 일본의 전군에 시달한 군인 행동규범을 가리키는 고유명사로도 쓰인다.

기대가능성
이론

그런데 위법 명령에 복종한 부하의 책임은 각국 형법이론에서도 난제 중 하나라고 일컬어진다. 특히 제2차 세계대전 중의 독일뿐만 아니라 일본 군대에서도 상관명령에 대한 절대복종은 최대 신조로 되어 있었다. 도쿄 재판이 막 시작되려던 시기인 1946년의 논문에서 형법학자 사에키 치히고(佐伯千仭)는 '기대가능성 이론'의 남용을 경계하도록 하면서, 보편적 인간성과 인도가 기대가능성 또는 불가능성에 대한 한계를 긋는다고 말하고 '너무도 명백한 비인도적 학대'는 비록 일본 군대 같은 곳에서라고 할지라도 부하는 그것을 거부했어야 한다고 말했다. 왜냐하면 이 이론 자체가 원래 인간성(의 허약성)의 승인에 근거하는 것이기 때문이며 "군대 내의 질서벌의 위협이 아직도 인도·인간성을 유린하는 행위에 관한 병사의 인간으로서의 책임을 면제하는 것은 아니기 때문이다"라고 결론을 내리고 있다. 이 책임면제는 상대방 피해국 일반국민의 입장을 무시하는 것이 된다.

또 사에키는 일본 군인과 일본 국민의 생활은, 위법 명령에 복종할 의무가 없다고 하는 미국과 영국에 비하여 애처로울 정도로 비참하였던 것으로서, 일본의 국가생활 재건은 압정과 음울함이 생겨날 여지가 없도록 철저하게 합리적이고 민주적이어야 한다고 하였다. 일본 사회가 합리화되고 민주화되는 날이 오면 기대가능성 이론의 적용 영역이 크게 좁아지게 되지만, 이것은 오히려 기쁜 일이라고 말하였다.

베트남전쟁의 손미 사건

마지막으로, 뉘른베르크조례가 규정하는 상관명령에 관한 원칙이 사문화되어 있지 않다는 것을 나타내는 중요한 사례로 베트남전쟁 중의 손미(미라이, Mỹ Lai) 사건을 돌이켜 보고자 한다.

이 사건은 1968년 5월 16일 칼리 중위가 습격 부대를 이끌고 남베트남 마을 미라이에서 약 100명의 주민을 살해한 것이다. 이 일은 비밀로 되어 있었지만 나중에 이 '원정대' 참가자로부터 사건 이야기를 들은 미군 병사의 정보 제공과 기자 보도가 언론에 나왔기 때문에 미군은 칼리와 그 지휘관 메디나(Ernest Medina) 대위를 군사재판에 회부하도록 결정하였다.

재판에서 칼리는 마을에서 발견하는 모든 것을 적으로 간주하여 "인민을 죽여라"라고 하는 메디나의 명령에 따랐다고 말하였다. 메디나는 이런 명령을 내린 사실을 부정하고, 부녀자도 죽여야 하는지 질문을 받았을 때 상식을 사용해야 한다고 대답하였으며, 만약 부녀자가 적대행위에 참가하여 미군을 공격하려고 한다면 그(녀)들을 살해하는 것이 허용된다고 덧붙였다고 말했다. 군사법원 판사는 사실의 진실이 어떻건 간에 뉘른베르크 재판의 법리에 따라 상관명령의 항변을 거부하였다. 무기징역 판결을 선고받은 칼리는 항소하였지만 군재심법원과 군항소법원에서도 원심판결이 확인되었다. 단, 첫 번째 항소에서 징역은 무기에서 20년으로 감형되었다.

제2 항소법원에서 칼리는 명령을 실행한 병사의 책임에 관하여 '보통의 상식과 이해력을 가진 사람'이 명령을 위법으로 생각하였는지의 여부라는 기준을 채용해서는 안 된다는 이의를 제기하였다. 칼리의 변호인은, 이 기준에서는 충분한 정보가 주어지지 않고 또 경험도 없는 병사와 마찬가지로 지성이 더 낮은 병사가 불리한 입장에 몰리게 될 것이라고 주장하였다. 그러므로 변호인은 '가장 낮은 이해력을 가진 사람'에 의하여 명령이 위법으로 생각되었을 때 그런 명령이 위법이라고 하는 다른 기준을 제시하였다. 나아가 칼리가 뛰어난 지성이 있는 것은 아니므로 베트남 시민을 죽이라는 명령이 현행법을 위반하고 있다고 칼리는 생각하지 않았다고 변호하였다. 그러나 법원의 다수의견은 이 항변을 물리쳤다. 재판정에서 다수의견을 낭독한 판사들은 설령 그런 항변을 받아들일 수 있다고 하더라도 최종 결정은 영향을 받지 않는다고 하였다. 즉, 군법의 여러 가지 사항들 전반에 걸쳐 정보를 가지고 있지 않는 지성이 가장 낮은 병사까지도 아이나 무고한 시민을 죽이는 것이 전쟁법의 가장 기본적인 원칙에 반한다는 것을 이해할 수 없을 리가 없다고 말했다.

이처럼 미국 판사들은 뉘른베르크조례에 도입된 원칙을 적용하였다고 할 수 있다. 단, 최초 항소 전에 닉슨 대통령은 칼리가 교도소가 아니라 자택에 감금되도록 명령하였으며 나중에 항소와 판결 감형 뒤에 그를 사면하였다. 그러나 이러한 조치는 결국 미국 정부에 대한 나쁜 평가를 초래하였다.

한편, 칼리 사건 판결은 미라이 학살이 전술한 바와 같은 조직범죄로 간주될 수 있다는 한 사례라는 바로 그런 사실 때문에 더욱 중요한 선례로 간주된다. 이 사건 이후 '조직범죄' 행위에 연루되는 것을 피하기 위하여 특정 군사 작전에 대한 참가를 거부하는 미군 병사도 나타났다. 그 한 예로 미 공군의 도손(Donald E. Dawson) 대위 사건이 있다. 그는 1973년 6월 5일, B52 폭격기에 의한 캄보디아 비행작전에 참가하라는 명령에 따르는 것을 거부하여 체포되었다. 그는 베트남전쟁에 관한 파리협정 서명 후에 캄보디아를 폭격하는 것에 도덕적으로 반대한다고 말하면서 항변하였다. 이런 양심적 거부의 권리를 인정받아 그는 1974년에 석방되었다.

VI

국제형사법원의 시도

1. 전쟁범죄관의 전환과 처벌제도의 전개

국가법익 침해와 국내재판

앞에서 살펴본 전쟁범죄의 성질 변화와 그 전개가 그에 상응하는 처벌제도를 필요로 한다는 것은 말할 것도 없다. 제1차 세계대전 이전 당시에 전쟁범죄라고 일컬어졌던 전쟁범죄는 이미 설명한 바와 같이 전쟁법을 위반한 적국민을 체포한 교전국이 전쟁 중에 자국 군사재판에 회부하여 처벌하는 것이 보통이었다. 즉, 전쟁범죄는 전쟁범죄인을 체포한 교전국의 국가법익 침해로 간주되어 그 국가의 군형법과 일반 형법에 근거하여 처벌되는 것으로 되어 있었다. 이 같은 처벌제도하에서는 전쟁범죄인이 우연히 적군에게 체포된 경우에만 처벌될 수 있고, 전시 중에 처벌될 수 있는 것이다. 적국이 상황을 판단하여 그런 사람을 처벌하지 않고 방면할 수도 있었다. 즉, 이런 처벌제도는 교전국의 임의에 맡겨져 있었다고 할 수 있다.

국제재판

그런데 제1차 세계대전 이후 전쟁위법화 흐름 속에서 '전시범죄로부터 국제법상의 범죄에로'라고 하는 전쟁범죄 관념 전환에 맞게 전쟁범죄의 처벌제도도 전개될 수밖에 없었다.

두 번의 세계대전, 특히 제2차 세계대전을 계기로 하는 새로운 전쟁범죄(평화에 대한 죄와 인도에 반한 죄)의 등장과 더불어 전후 국제법원에서 전쟁범죄인을 처벌하는 경향이 나타났다. 이런 경향은 새로운 전쟁범죄가 국제범죄로서 국제사회의 일반법익을 침해하였으므로 국내법원이 아니라 국제사회가 심판해야 한다는 일반적인 사고방식에 바탕하고 있다. 그러나 뉘른베르크와 도쿄 국제군사법원은 제2차 세계대전 패전국의 주요 전쟁범죄인에게 판결을 선고한 후 해산하였다. 아직 상설적인 국제형사법원도 존재하지 않기 때문에, 국제무력분쟁이 발생한 경우 전쟁범죄인을 교전국뿐만 아니라 비교전국을 포함한 다수 국가가 각각의 국내재판에 회부하거나 아니면 처벌하는 국가에 인도한다고 하는, 이른바 보편적 재판관할권을 가진다는 생각이 등장하였다.

오늘날의 전쟁범죄는 일반적으로 전쟁범죄인을 체포한 국가의 단순한 국가법익 침해의 수준을 넘어 국제법익 침해로 간주되기 때문에, 전쟁범죄인 불처벌은 허용되지 않게 되었다. 이처럼 전쟁범죄는 반드시 처벌되어야 한다는 관점에서 보면 아마도 국제형사법원 설치가 요구될 것이다. 한편, 지금까지 실현된 유일한 국제군사법원의 예는 이른바 '승자의 심판'으로서 전승국 판사만으로 구성되어 있었다는 사실에 대한 비판 때문에라도, 미리 공정하게 선출된 판사로 구성되는 상설적인 국제형사법원 설립이 더욱 대망(待望)되고 있다. 이런 법원 설치를 위한 제안이 최근 활발해졌다.

아래에서는 전쟁범죄 처벌제도의 오늘날까지의 전개의 특징과 문제점을 지적하고자 한다.

2. 국내법원의 보편적 관할권

국내법원에서의 전쟁범죄인 처벌

이미 본 것과 같은 1949년 제네바협약이 규정하는 '중대한 위반행위'는 어떻게 처벌되는 것일까. 이 협약의 처벌제도는 종래의 각국 국내 입법에 의한 처벌방식을 계승하면서도 국제범죄의 성격을 가지는 중대한 위반행위에 관해서는 각 체약국의 재판관할권을 인정한다고 하는 보편주의적 경향을 채용하고 있다. 그에 따르면 각 체약국은 ①중대한 위반행위를 하거나 하도록 명령한 사람에 대한 유효한 형벌을 규정하기 위하여 필요한 입법을 하고, ②중대한 위반행위의 혐의가 있는 사람을 수사할 의무를 지며 또 그런 사람의 국적 여하를 불문하고 자국 법원에 공소를 제기하여야 하며, ③희망하는 경우 자국 법령 규정에 따라 그 사람을 다른 관계 체약국에 재판을 위하여 인도할 수 있다. 앞에서 보았던 '인도할 것인가 재판(처벌)할 것인가'의 원칙이 여기에서 실현되었다고 할 수 있다.

또 ①에서 말하는 입법의무에 관한 여러 국가들의 입법 상황은 일반적으로 좋지 못하고, 현행법이 보편주의적 관할권을 법원에 부여하는 내용인 경우 반드시 새로운 입법이 필요한 것은 아니라고 생각되고 있다. 또 분쟁 당사자뿐만 아니라 각 체약국에게 수사와 기소를 인정한 것이야말로 보편주의적 관할권의 핵심이라고 생각된다. 그러나 분쟁당사국이 아닌 국가(중립국)도 소추의 권리를 가지는 것은 당연하다고 하더라도 소추의 의무까지 지는지에 관해서는 견해가 나뉘고 있다. 실제로는 분쟁당사국이 아닌 국가는 중대한 위반행위를 한 사람을 스스로 소추하기보다는 관계국에게 인도하는 일이 많을 것이다. 1977년 제1추가의정서는 이런 점도 고려하고 국가들의 협력을 촉구하기 위하여 다음과 같은 규정을 두고 있다. 즉, 제네바협약과 추가의정서의 중대한 위반행위에 관한 모든 절차에서 가능한 한 사법상의 원조를 서로 제공하여야 하며, 또 사정이 허락한다면 범죄인 인도 문제에 관하여 협력하여야 한다는 것이다.(제88조 제1, 2항)

그런데 제2차 세계대전 후 국제무력분쟁은 많이 발생하고 있지만 전쟁범죄인에 대한 국내재판 사례는 많지 않다. 여기서는 제2차 세계대전에서 나치 범죄를 전후 수십 년이 지난 후에 피해국 국내법원에서 심판하였던 이스라엘과 프랑스 재판에 관하여 언급해 두고자 한다. 상설의 국제형사법원이 없기 때문에 국내법원에서 처벌하지 않을 수 없다는 것에 따른 어려움을 이들 국내재판 사례들이 보여 주고 있다.

아이히만
재판

1960년 5월 11일, 아돌프 아이히만은 1950년 이후 리카르도 클레멘트(Ricardo Klement)라는 가명으로 생활하고 있던 아르헨티나 부에노스아이레스에서 납치되었다. 그는 이스라엘에서 재판받는 것에 동의한다는 취지의 문서에 서명한 후 이스라엘 비밀경찰에 의하여 이스라엘로 옮겨졌다. 5월 23일, 이스라엘 총리는 아이히만을 '최종처리'의 죄책으로 재판에 회부한다고 선언하였다. 한편 아르헨티나 정부는 아이히만 체포를 아르헨티나 영역주권 침해라고 항의하면서 아이히만 송환과 아르헨티나 법에 의한 처벌을 요구하였다. 이스라엘은 유감의 뜻을 표명했지만, 결국 이 분쟁은 아르헨티나에 의하여 국제연합 안전보장이사회에 회부되었고, 안보리 결의에 근거하여 양국 정부 공동 성명서로 해결되었다.

아이히만은 이스라엘의 '나치와 나치협력자 처벌법 제710/1950호'상의 '인도에 반한 죄'와 '유태인민에 대한 죄'로 기소되었다. 예루살렘 지방법원에서 피고인은 주장된 사실(폴란드에서 아인자츠구루펜과 협력하여 주민을 절멸시키고, 1944년에는 부다페스트의 '아이히만 특별행동부대'의 수장으로서 50만 명의 헝가리 · 유태인을 아우슈비츠에 강제 연행하여 사망시킨 것 등)의 대부분에 관해서는 다투지 않았지만, 그 관할권의 근거를 다투었다. 예컨대 '나치와 나치 협력자 처벌법'은 국제법규칙에 따라 외국 시민에게는 적용되지 않는다는 것, 그것은 이스라엘 국가가 존재하기 전에 이루어진 행위를 범죄로 규정하는 사후 형사입법에 해당한다는 것, 영역주권 원칙 때문에 범죄를 처벌하는 권리는 범죄가 행하여진 국가 또는 범인 소속 국가에 한정된다는 것, 문제가 된 행위가 행하여진 시기에는 그것이 국가행위였다는 것, 판사가 유태인이어서 그가 고소된 범죄 피해자에게 친근감을 느끼기 때문에 심리적으로 공정한 재판이 불가능하다는 것 등이다.

법원은 이러한 항변을 거부하고 판결 속에서 다음과 같이 형사관할권을 인정하였다. 즉 '나치와 나치 협력자 처벌법'은 국가형사관할권을 정의하는 국제법 원칙을 따르고 있다. 즉 그 범죄는 성질상 보편적인 동시에 유태인민을 근절하기 위하여 특별히 의도된 것이다. 그 결과 이스라엘은 보편주의와 동시에 수동적 속인주의원칙(국가는 재외 자국민을 보호할 의무가 있다는 것을 근거로 함) 및 보호주의원칙(자국 안전 등을 해치는 범죄가 국외에서 행하여진 경우, 범인이 자국민이건 외국인이건 자국이 관할권을 가진다는 원칙)에 따라 관할권을 가진다. 또 이 법이 정의하는 범죄는 국제조약이 정의한 범죄와 유형이 같다. '유태인민에 대한 죄'는 제노사이드협약의 정의에 따랐으며, '인도에 반한 죄'와 '전쟁범죄'는 뉘른베르크조례와 관리이사회 법 제10호가 규정하는 범죄 의 정의에 따랐다. 그리고 이스라엘 국가와 이 법이 정의하는 범죄 사이에는 필연적인 관련성이 있으며 유태인민과 이스라엘 국가의 결연은 1948년 이스라엘 국가수립 선언에 의하여 표명된 국제법의 일부를 구성한다. 따라서 문제의 범죄행위가 저질러진 시기에 이스라엘 국가가 존재하지 않았던 것은 관계가 없다는 것이다.

'최종처리'에 참가한 데 따른 유태인민에 대한 죄, 그 밖의 많은 소인으로 유죄판결을 받은 아이히만은 대법원에 상고하였다. 대법원은 상고를 기각하였으며 기각 이유 속에서 '나치와 나치협력자 처벌법'과 국제법원칙의 합치를 다음과 같이 말하고 있다. 이 법에 정의된 범죄는 국제범죄로 생각되며 개인의 형사책임을 야기하는 것이다. 이 범죄는 관습국제법에 의하여 인정된 범죄의 특징을 공유하고 있고 '인도에 반한 죄'(제노사이드와 전쟁범죄를 포함함)에 대한 보편적 관할권 원칙으로부터 그 범인을 소추하는 국가는 국제법을 적용하는 국제사회의 기관으로서 행동하는 것이다.

바르비 재판과 투비에 재판

프랑스에서는 국내법령과 국내재판에서 특히 인도에 반한 죄를 다루어 왔다. 시효부적용협약이 국제연합에서 채택되기 훨씬 전인 1964년 12월 26일의 '인도에 반한 죄에 대한 시효부적용을 확인하는 법 제64-1326호'에서 뉘른베르크조례에 규정되어 있는 것과 같은 인도에 반한 죄의 정의를 인정하고 1946년 2월 13일 국제연합 총회 결의가 정의하는 것과 같은 인도에 반한 죄는 그 성질상 시효에 걸리지 않는다고 규정하였다.

제2차 세계대전 중 리옹(Lyon)의 게슈타포 부장으로서 유태인을 포함한 많은 사람을 추방하거나 고문으로 살해한 독일 국적의 클라우스 바르비(Nikolaus "Klaus" Barbie)는 거주하고 있던 볼리비아에서 볼리비아 당국에 체포되어 1983년 2월 4일에 프랑스로 '퇴거'하도록 조치되었는데, 사실상 프랑스 당국에 '인도'된 것이다. 바르비는 프랑스 당국에 대한 인도 조건과 프랑스에서의 구금이 위장인도에 해당한다고 하여 인도 무효를 주장하였다. 그러나 리옹 법원은 바르비가 저지르고 프랑스에서 고소된 인도에 반한 죄는 그 성질상 프랑스 국내법에 속할 뿐만 아니라 국제처벌질서ordre répressif international에 속하는 것으로서, 국경 관념과 그로부터 도출되는 인도(引渡)규칙과는 기본적으로 관계가 없다고 하면서 바르비의 항변을 인정하지 않았다. 대법원에 해당하는 파훼원 형사부도 국제문서는 "인도에 반한 죄의 혐의를 받는 사람은 그 범죄가 범해진 국가에서 그 국가법에 따라 재판되며 또 처벌되기 위하여 그 국가로 이송되어야 한다"고 규정하고 있으며 이 규정은 모든 국가에 의하여 인정된 법의 일반원칙에 부합한다고 하였다.

또 바르비는 고소된 사실이 시효에 걸려 있기 때문에 위법한 구금이라고 하면서 석방을 요구하였다. 리옹 법원은 위 시효부적용법만으로는 제2차 세계대전 중 범해진 범죄에 대한 시효부적용의 법적 근거로 충분하지 않다는 것을 인정하면서 유럽인권협약 제7조 제2항에 비추어 보아 인도에 반한 죄에 대한 고소는 문명국가들에 의하여 인정된 법의 일반원칙과 일치하고 있다는 이유로 그 구금은 정당하다고 하였다. 바르비는 1987년 7월 14일에 론느(Rhône) 중죄법원(Cour d'assises)에 의하여 시효에 걸리지 않는 인도에 반한 죄로 무기징역을 선고받았다.

또 바르비의 문경지우(刎頸之友)였던 프랑스인 전 나치 민병대장 폴 투비에(Paul Claude Marie Touvier)는 1944년 6월 29일에 릴리외라파프(Rillieux-la-Pape)에서 유태인 7명을 약식 처형하도록 명령하였다는 죄책으로 1946년에 궐석재판에서 사형 판결을 받고 있었다. 1973년이 되어 리옹의 예심판사는 투비에에 대한 인도에 반한 죄의 고소를 수리하였으며, 1976년 파훼원은 인도에 반한 죄의 관념을 상기시키는 국제조약의 해석을 외교부에 자문하도록 판사에게 요구하였다. 장시간의 검토 후 1979년 6월 15일에 프랑스 외교부는 인도에 반한 죄에 대해서는 시효를 적용하지 않는다고 결론내렸다. 이 결론에 따라 1994년 4월 20일에 이블린(Yvelines) 중죄법원은 투비에에게 종신형의 판결을 선고하였다. 프랑스 법원이 처음으로 프랑스인에 대하여 인도에 반한 죄의 공범의 죄책으로 유죄라고 판결한 것이다.

바르비 판결의 영향을 받아 1994년 3월 1일부터 시행된 프랑스 신형법전은 제노사이드와 그 밖의 인도에 반한 죄의 조문을 신설하였다. 그에 따르면 제노사이드(제221-1조)는 제노사이드 협약 문언을 거의 그대로 따르고 있지만, 불치병 환자와 정신병자 안락사 등 제2차 세계대전 중 나치가 행한 행위 등을 염두에 두어, 보호대상이 되는 집단에는 '국민 · 민족 · 인종 또는 종교상의 집단' 외에 '그 밖의 모든 자의적 기준에서 결정되는 집단'

이 추가되었다. 또 이러한 집단을 파괴할 '의도'라고 하는 주관적 기준 대신 그 파괴를 목적으로 하는 '모의'라고 하는 객관적 기준이 채용되었다. 다른 인도에 반한 죄는 엄격한 의미의 인도에 반한 죄(제212-1조)와 중대한 전쟁범죄(제212-2조)라는 두 범주로 구분되었다. 전자로는 새로운 형태의 박해로서의 약식처형, 실종을 수반하는 납치, 고문 등의 대규모적이고 조직적인 실행이 열거되어 있다. 후자로는 인도에 반한 죄의 행위가 전시에 행하여진 경우를 대상으로 하고 있다. 이들 모든 인도에 반한 죄에는 모의가 요건으로 되어 있다. 이처럼 프랑스 신형법전에는 제2차 세계대전 중에 나타난 인도에 반한 죄 개념의 여러 문제점을 고려한 개선 흔적이 보인다.

지금까지 검토한 이스라엘과 프랑스의 전쟁범죄에 대한 재판 판결과 신법령에서 볼 수 있듯이 전쟁범죄의 혐의를 받은 사람, 특히 외국인을 재판에 회부하는 것은 실제로는 상당히 우연히 이루어지는 일이며, 또 법적으로도 다양한 장애물을 넘어야 한다.

3. 국제형사법원 설치 문제

국제형사법원의 구상

국제형사법원을 만든다는 구상은 오늘날에 시작된 것이 아니다. 그 역사는 제1차 세계대전 직후로 거슬러 올라간다. 카이저 소추가 실패한 뒤 국제연맹 법률가위원회는 국제형사법원 설치를 만장일치로 권고하였다. 그러나 연맹은 총회도 이사회도 이를 시기상조로 보고 의제로 삼지 않았다. 그 뒤 이 문제는 법학 학회에서 검토되었다. 1924년에 설립된 국제형사법학회[1)]는 국제형법의 이론적·실제적 발전을 주장하면서 펠라 회장[2)] 하의 1926년 제1회 국제형사법회의에서 국제형사법원 설치를 요구하는 결의를 채택하고 있다. 이 법원 설치는 국제형법전을 작성해야만 의미를 가지는 것으로 생각되어, 국제형사법학회는 1935년에 세계처벌법전[3)]을 발표하였다. 당시 펠라 회장[4)]은 "국

---

1) L'Association Internationale de Droit Pénal(영어명 International Association of Penal Law).

2) 국제형사법학회 초대 회장은 벨기에의 위어트(Henry Carton de Wiart)로서 1924년부터 1946년까지 학회 회장으로 재임하였던 것으로 되어 있다.(국제형사법학회 홈페이지 www.penal.org 참조. 2016년 8월 7일 방문) 그러므로 본문에 펠라를 국제형사법학회 회장으로 표기한 것은 오류로 보인다.

3) Code Repressif Mondial.

4) 위 주 2 참조.

제형사법원 설립을 지향하는 여러 제안들은 더 이상 유토피아로 간주되지 않게 되었다. 그것은 오히려 현대의 법적 양심의 강력한 요구의 구체적인 표명에 지나지 않는다"고 하는 밝은 전망을 말하였다. 그러나 나치즘의 대두 때문에 당시 이들 제안의 실현은 꿈이 되어버린 것이다.

제2차 세계대전 후 국제형사법학회는 뉴욕 국제변호사협회와 협력하여 국제형사법원과 국제형법전 작업을 재개하였다. 그 영향을 받아 국제연합은 1951~1953년에 국제형사재판소규정 초안 기초에 착수하였다. 그러나 동서냉전하에서 1954년 국제연합 총회는 이 초안 검토를 침략의 정의 및 '인류의 평화와 안전에 대한 범죄 법전안' 문제 검토가 재개될 때까지 중단할 것을 결정하였다.

'침략의 정의'가 국제연합 총회에서 채택된 1974년에 바씨우니(M. Cherif Bassiouni)가 국제형사법학회 사무국장이 되어 그의 아래에서 만들어진 국제형사법전 초안(1979년에 완료)이 1981년에 『국제형사법잡지』에 발표되었다. 이 초안에서 실체적 형법전은 네 개 범주 20개 조문으로 구성된다. 범주 (i)에는 침략, 전쟁범죄, 무기 위법사용, 제노사이드, 인도에 반한 죄, 아파르트헤이트 등이 규정되어 있다. 그러나 이는 국제형사재판소규정과 같은 절차 규칙을 포함하고 있지 않다. 이 초안은 국제형사법원 설치 전망과 국가 간 협력의 점진적 발달 전망 양자의 결합을 도모하려는 것이지만 후자의 흐름이 지배적이라고 보고 있다. 국제법협회도 1984년 파리 대회에서 48개조로 구성된 '국제범죄법원규정 초안'을 채택하고 있다.

한편, 국제연합 국제법위원회는 전술한 바와 같이 여러 해에 걸쳐 회피해 온 국제형사재판소 문제 검토를 1991년 총회 결의 제46/54호의 요청에 맞추어 재개하였다. 1992년 국제법위원회에 설치된 국제형사재판소에 관한 실무그룹은 상당히 빠르게 국제형사재판소규정(초안)을 작성하여 1994년 국제연합 총회에 제출하였다. 이러한 신속한 작성은 1993년 국제연합 안보리에 의한 구유고국제형사법원 설치 결정과 그 규정 승인에 자극받은 것이다.

여기에서는 먼저 구유고국제형사법원규정을 언급한 후, 그것과 비교하여 국제법위원회 국제형사재판소규정(초안)의 현재의 문제점에 관해서도 언급해 두고자 한다.

민간
국제재판

뉘른베르크와 도쿄의 국제군사재판 후, 국제연합 체제하에서도 많은 무력분쟁이 발생하였다. 그 과정에서 전쟁법 또는 인도법 위반행위에 의한 전쟁범죄가 숱하게 저질러졌음에도 불구하고, 냉전하에서는 국제재판이 실현 불가능하다고 체념하는 감정이 지배하고 있었다고 할 수 있다.

물론 무력분쟁 중에 행하여진 대규모의 지속적인 만행이 전 세계에 보도되자, 그것을 멈추게 해야 한다는 국제여론, 또 그들

행위를 전쟁범죄로 인정하여 책임자를 처벌해야 한다는 국제여론이 비등한 일도 있었다. 특히 베트남전쟁 중에는 미군과 남베트남군의 북베트남에 대한 폭격과 비인도적 무기 사용 등으로 인하여 다수 희생자가 발생하였다. 그 참상이 텔레비전으로 방영되고 또 네이팜탄으로 불타서 문드러진 희생자 특종 사진이 신문 지면을 장식하였다. 이런 일에 대하여 미국을 포함한 국제사회에서는 반전운동이 확산되고, 작가와 지식인 등 민간 대표로 구성된 러셀(Russel) 재판이라고 하는 민간 국제재판이 개최되었다. 이런 움직임은 반전의 국제여론을 환기하고 전쟁범죄, 전쟁책임을 명확하게 하려는 운동의 일환이었다. 러셀 자신이 이 국제전쟁범죄재판을 미국 인민의 양심에 대한 호소로 생각하고 있었다. 이런 종류의 재판은 그 나름의 역할을 하였다.

걸프전 때에도 외국인을 '게스트'로 불리는 인질로 삼는 이라크의 정책과 쿠웨이트 '병합' 등에 따른 비인도적 행위에 직면하여, 사담 후세인 대통령 등 이라크 지도자를 국제재판에 회부하려고 하는 움직임이 있었다. 그러나 이때도 실제로 국제법원을 설치하는 데까지는 이르지 못했다.

구 유고와 르완다

소위 탈 냉전기에 들어와 유고슬라비아 연방공화국 해체와 여러 공화국들이 출현하는 현실이 되자, 이를 계기로 여러 민족 사이에서 또 여러 지역에서 분쟁이 발생하였다. 특히 보스니아 · 헤르체고비나에서의 민족 간 분쟁 과정에서 '민족정화'(에스닉 클린징)[5]와 '집단 강간' 등 과거의 홀로코스트를 상기시키는 사건이 이어졌다. 이 같은 상황 속에서 국제사회는 상당히 적극적으로 이 분쟁에 관여하여 왔다. EC 중재위원회는 분쟁당사자 사이의 조정을 도모하였다. 또 국제연합은 국제연합보호군 UNPROFOR을 그 지역에 파견하였다. 나아가 국제연합은 위 사건 등의 국제인도법 위반 책임자를 심판하기 위하여 구유고 국제형사법원을 설치할 것을 결정하였다. 이는 뉘른베르크와 도쿄의 국제군사재판 이래 처음으로 민간재판이 아닌 공식 집행력을 가진 국제재판이다.

나아가 1994년 11월 8일, 국제연합 안보리는 결의 제955(1994)호에서 구 유고의 경우와 같은 방식으로 르완다를 위한 국제법원 설립을 결정하였다.

5) ethnic cleansing. 한국에서 이 말은 보통 '인종청소'로 번역된다. 원문은 '민족정화'로 쓰고 있다. 인종적 동일성을 이루기 위하여 특정 지역에서 다수 인종이 소수 인종을 추방, 투옥, 살해하는 등의 방식으로 제거하는 것을 말한다.

4. 구유고국제형사법원 설치

전례가 없는
설립 방법

구유고국제형사법원은 국제연합 안보리 결의에 따라 '서둘러' 설립된 것이다. 그러나 그 설립 방법은 선례가 없기 때문에 이른바 암중모색으로 이루어졌다. 1993년 5월 25일 안보리 결의 제827호는 구 유고 상황을 '국제 평화와 안전에 대한 위협'이 되고 있다고 결정하고, 국제연합헌장 제7장하에서 행동한다고 하면서 구 유고 영역 내에서 행하여진 국제인도법에 대한 중대한 위반에 관하여 책임이 있는 사람을 소추하는 것을 유일한 목적으로 하는 국제법원을 설립하고 이를 위하여 국제형사법원 규정을 채택할 것을 결정하였다. 안보리는 9월에 판사를 선임하여 1994년 1월 17일에 판사들을 헤이그 법원에 소집하였다.

이처럼 법원 설립을 서두른 이유는 구 유고 영역, 특히 보스니아 헤르체고비나에서 민족 간 분쟁이 여전히 계속되어 중대한 인도법 위반행위가 저질러지고 있는 점, 제2차 세계대전 후의 국제군사재판에서 문제가 되었던 '사후법'의 비난을 받지 않도록 하는 것, 그리고 '승자의 심판'이라는 비판을 피하는 것에 있었다. 법원이 안보리 결의로 설치되었다는 점, 그것도 일반적으로 집단안전보장을 위하여 군사적 또는 비군사적 강제조치 결정을 내리는 헌장 제7장에 의거하여 안보리 보조기관으로 설치되었다는 특이성도 간과할 수 없다.

이러한 설립 근거에 대해서는 비판도 있다. 오히려 더 보편적인 기초를 얻기 위해서는 국제연합 총회에 의하여 설립되어야 했다든가, 조약으로 여러 국가의 동의를 얻어 설립했어야 한다는 견해도 제시되었다. 그러나 전자의 경우에는 총회 결의가 권고에 불과하기 때문에 국가를 구속하지 않는다는 것, 후자의 경우에는 조약 발효까지 시간이 걸리므로 진행 중인 분쟁에는 시간적으로 늦어진다는 등의 결점이 있었다. 안보리 결의는 국가들의 비준을 요하지 않으며, 더욱이 모든 국제연합 회원국을 구속할 수 있다. 게다가 안보리가, 특히 상임이사국이, 법원에 대하여 어느 정도 통제를 유지하는 것도 가능할 것으로 생각되었다.

따라서 법원의 활동은 국제평화의 회복과 유지에 협력하는 한도에서만 유효한 것이며, 구 유고 영역 내의 책임자 소추만을 목적으로 하고(영역적 한정) 평화 회복 후 안보리가 결정하는 날짜까지라고 하는 시간적 한정도 부가되어 있는 임시적인(ad hoc) 것이다.

법원 조직과
구성

단, 법원은 안보리와는 독립적으로 재판을 하는 것이며, 법원 조직과 구성도 국제형사재판소규정이 정하는 바에 따른다.

이 법원은 두 개의 제1심 재판부와 하나의 상소재판부, 그리고 검사와 서기국으로 구성된다(제11조). 상소재판부는 뉘른베르크와 도쿄의 국제군사재판에서는 인정되지 않았던 것이다. 재판부는 11명의 독립된 판사로 구성되며 어느 두 사람도 동일한 국가 국민이어서는 안 된다. 안보리가 판사 후보자 명부를 작성하고 총회가 11명을 선출하였다. 그 결과 재판부는 아시아 3명, 미주 3명, 아프리카 2명, 유럽 2명, 오스트레일리아 1명으로 구성되었다. 법원장에는 이탈리아의 안토니오 카세제(Antonio Cassese)가 뽑혔다. 각 제1심 재판부는 3명, 상소재판부에서는 5명의 판사가 직무를 수행한다(제12조). 검사는 국제연합 사무총장 지명에 근거하여 안보리가 임명하며(제16조) 서기는 사무총장이 법원장과의 협의한 뒤에 임명한다(제17조).

물적
관할권

법원규정(規程) 중 가장 중요한 규정의 하나는 법원 관할권에 관한 것이다. 특히 물적 관할권, 즉 법원이 그 책임을 지는 사람으로서 기소할 수 있는 인도법 위반행위의 범위가 문제 된다.

법원규정(規程)에는 1949년 제네바협약의 중대한 위반행위(제2조), 전쟁의 법규관례 위반(제3조), 제노사이드(제4조), 인도에 반한 죄(제5조)가 열거되어 있다. 이들은 일반적으로 관습법이 금지하는 것으로 간주되고 있는 위반행위이다. 그래서인지 각각의 국제문서나 조약에 규정되어 있는 이들 위반행위와 내용이 일부 다르게 되어 있는 것도 있다. 예컨대 인도에 반한 죄에 관하여 구유고국제형사법원은 무력분쟁(국제적 성질을 가지는지의 여부를 불문한다)에서 민간인에게 직접 행하여진 다음 범죄에 대하여 책임이 있는 사람을 소추할 권한을 가진다고 하여 아홉 가지 범죄를 열거하는데, 그 속에 '구금', '고문', '강간'과 같이 뉘른베르크조례와 극동조례에는 없었던 것이 추가되어 있다. 비국제적 성질의 보스니아 분쟁에서는 이들 범죄행위가 '민족정화'와 광범위하고 조직적인 강간, 강제 매춘을 포함한 기타 형태의 성폭행이라고 하는 행태로 저질러져 왔다는 것을 반영하고 있다. 어느 경우이건 법원은 모든 국가가 당연히 구속되는 관습법이 된 규칙에 관해서만 관할권을 가진다. 이처럼 관할권을 관습법에 한정시킨 것은 '죄형법정주의' 원칙의 적용을 인정하고 있기 때문이다. '평화에 대한 죄'가 규정되어 있지 않은 것에도 주의할 필요가 있다.

인적 관할권
–개인 형사책임

법원은 자연인에 대해서만 관할권을 가진다(제6조). 유고의 각 공화국이나 민족집단 등의 단체의 범죄 추궁은 논외로 되어 있다. 요컨대 개인만이 형사상 책임을 진다(제7조). 개인으로서 그 범죄에 책임을 지는 것은 상기 범죄를 계획, 선동, 명령, 실행, 방조, 교사한 사람이다. 즉, 그러한 범죄의 정치적 결정자(국가 또는 정부 책임자), 중간 서열 명령이 주어지는 사람(상관), 단순한 실행자(부하)라고 하는 세 가지 범주가 포함되어 있다. 그러나 이들이 뉘른베르크조례와 극동조례에 있는 '공통 계획'이나 '공동모의'의 입안과 실행에 참가한 경우의 책임에 관해서는 언급이 없다.

더 자세하게 말하면 일반적으로 국가원수, 정부 수장, 책임 있는 공무원을 불문하고 피고인의 공적 지위를 이유로 피고인의 형사상 책임이 면제되는 일은 없고, 형벌이 경감되는 일도 없다. 상관은 부하가 위에서 말한 위반행위를 실행하려고 하거나 실행한 것을 알거나 또는 알 이유가 있는 경우에 당해 행위를 방지하기 위하여 필요한 합리적인 조치를 취하지 않았을 경우, 행위가 부하에 의하여 실행되었다는 사실로써 형사상 책임을 면할 수 없다. 또 피고인은 정부나 상관명령에 따라 행동하였다고 하는 사실로써 형사상 책임이 면제되지 않는다. 단, 법원이 정의를 위하여 필요하다고 결정하는 경우에는 형벌을 경감함에 있어 그 사실을 고려할 수 있다(이상 제7조). 이미 제노사이드협약이나 제네바협약에 관하여 말한 바와 같이 공무원의 지위 고하는 불문하며 국가 최고책임자라고 하더라도 그 범죄행위 때문에 소추될 수 있고 그 책임을 면할 수 없으며, 상관의 지휘 · 명령 책임은 면제되지 않는다. 또 제V장에서 말했듯이 아직까지도 국제조약상 정식화되어 있지 않은, 부하에 의한 상관명령의 항변 문제가 여기서는 명확하게 규정되었다. 이 항변은 인정되지 않는다.

구유고국제형사법원은 이상과 같은 인적 관할권을 가지고 있지만, 주의하여야 할 것은 이 국제법원과 여러 국가들의 국내법원은 구 유고 영역 내에서 1991년 1월 1일 이후에 실행된 인도법의 중대한 위반에 관하여 함께 관할권을 가지고 있다는 점이다. 관할권이 경합하는 경우에는 국제법원이 국내법원보다 우월하다(제9조). 국제법원은 국내법원에 대하여 절차상의 모든 단계에서도 국제법원의 권한에 복종할 것을 정식으로 요청할 수 있다.

재판절차상의 특징

이 국제재판은 현재 진행 중이지만, 그 절차 등의 특징을 설명해 두고자 한다. 뉘른베르크 재판에서는 22명의 주요 전쟁범죄인을 소추하기 위하여 14개월에 걸쳐 2천 명이 고용되었다고 말하고 있다. 나치 범죄는 전 유럽에서 저질러졌으며 또 정보취급이 오늘보다 느리게 이루어지고 있었다. 이번 재판의 경비는 국제연합의 일반예산(그리고 국가들의 자발적인 갹출)으로 부담한다(제32조). 또 검사의 기소편의주의에 따라 잘못하면 법원인원(정원)에 기소 숫자를 맞추는 식이 될 가능성이 크다.

이 국제재판에서는 인권위원회가 임명한 특별보고자를 중

심으로 하는 마조비에츠키(Tadeusz Mazowiecki)위원회, 안보리 결의 제780(1992)호로 설립된 전문가위원회[이른바 칼스호벤(Fritz Kalshoven)위원회] 외에 다수 인도NGO가 구 유고 영역 특히 보스니아 헤르체고비나와 크로아티아의 일부에서 인권침해 상황과 국제인도법 위반에 관한 정보를 수집해 왔다. 이들 정보가 검사가 수사를 시작하기 위한 최초 단서가 되어 있다. 수사(정보 입수)단계에서 검사는 '관계국 당국의 원조를 요청'할 수 있다(제18조). 여기서 말하는 '관계국'이란 '모든 국가'를 가리키는 것으로 생각되며(안보리 결의 제827호 제4항) 국가들은 법원과 그 기관(검사를 포함함)에 충분히 협력하여야 한다. 바꾸어 말하면 국가들은 책임자 수사와 소추에 관하여 국제법원과 협력하며, 제1심 재판부가 보내는 원조 요청이나 명령을 대하여 부당하게 지체하는 일 없이 따라야 한다(제19조). 그런 원조 요청이나 명령 속에는 '국제법원에 대한 피고인의 인도 또는 이송'도 포함된다. 이러한 피고인 인도 내지 이송 의무는 각국 국내법과 저촉되는 일도 있을 수 있다.

검사가 준비한 기소장을 인정하거나 각하하는 것은 제1심 재판부 판사이다. 인정한 경우 판사는 사람의 체포, 구금, 인도 또는 이송 등 필요한 명령을 내린다(제19조). 실제로 법원은 1994년 11월 7일에 독일이 구금하고 있던 타디치(Dusan Tadic) 용의자에 관하여, 보스니아 수용소에서 무슬림 포로를 살해한 죄책으로 최초로 기소한 것을 인정하고 독일에게 이송청구를 하는 것도 인정하였다.

제1심 재판부는 피고인의 권리를 충분히 존중하고, 피해자와 증인 보호에 타당한 고려를 하며, 재판이 공정하고 신속하게 이루어지는 것을 확보하여야 한다(제20조). 구유고국제형사법원규정(제21조)은 '피고인의 권리'를 상세하게 규정하고 있다. 이는 공정한 재판을 받을 권리를 자세하게 규정하고 있는 국제인권규약(시민적 및 정치적 권리에 관한 국제규약) 제14조를 거의 그대로 옮겨 놓은 것이다.

또 중요한 문제 중에서 구유고국제형사법원규정이 명확하게 규정하지 않은 유일한 문제라고도 할 수 있는 것은 궐석재판의 가부 문제이다. 규정 기초과정에서 의견이 대립되었다. 이 규정 작성을 주도하였던 프랑스 법률가위원회 견해는 궐석재판을 배제하고 있지 않지만, 대다수 국가는 궐석재판에 반대하였으며 규정을 포함한 국제연합 사무총장 보고서도 궐석재판은 자유권규약 제14조와 모순된다고 하였다. 그러나 중요한 것은 피고인에게 소인과 그에 대한 대응이 통지되는 것이며, 거기까지가 공정한 재판의 요청이고, 피고인이 출석을 거부함으로써 소송 진행을 방해할 수 없다고 보는 견해도 있다.

피고인이 체재하는 영역국은 법원에 그 사람을 인도하는 것을 거부할 수 없다. 아마도 신 유고(세르비아와 몬테네그로) 및 구유고 영역의 중요한 부분을 지배하는 준군사조직은 적어도 당초에는 그 조직하의 피고인을 법원에 인도하려고 하지 않을 것이다. 그 경우 궐석절차가 인정되지 않으면 법원 개정은 외관만 그럴듯한 것으로 끝날 위험성도 없지는 않다.

형벌의
구금형 한정

제1심 재판부는 판결을 선고하고 유죄판결을 받은 사람에 대하여 형벌을 부과한다(제23조). 그 형벌은 구금형에 한정되며 사형을 부과하는 것은 인정되지 않는다. 구금 기간 결정은 구 유고법원에서의 구금형에 관한 일반 관행에 의거하는 것으로 하였다(제24조). 이것은 오늘날의 국제사회에서 사형을 폐지하는 국가가 증가하고 있는 상황에 입각한 것으로 보인다(유럽인권협약 1983년 제6의정서, 국제인권규약 1989년 제2선택의정서 참조). 그러나 사형제도를 여전히 존치하고 있는 국가(일본도 그 중 하나)도 있다.

제1심 재판부는 구금형과 더불어 범죄행위에 의하여 얻은 재산과 수익(강박에 의하여 얻은 것을 포함함)을 정당한 소유자에게 반환하도록 명령할 수 있다(제24조 제3항). 이는 안보리 결의 제779(1992)호가 토지와 재산에 관하여 강제적으로 이루어진 모든 선언과 약속이 무효라고 하고 있는 것으로부터 당연히 도출되는 귀결이다. 단, 이것만으로는 피해자 권리가 보장되지 못한다. 그러나 이 점에 관하여 구유고국제형사법원규정은 아무것도 언급하고 있지 않다. 이것은 오히려 분쟁당사국(또는 분쟁당사자) 자신의 책임 문제와 관련된다고 생각된다. 안보리 결의 제827(1993)호는 국제법원이, 적절한 수단을 통하여 국제인도법 위반의 결과로 발생한 손해의 배상을 구하는 피해자의 권리를 침해함이 없이 임무를 수행하여야 함을 결정한다(제7항)고 말하고 있는 것에 그치고 있다.

또 유죄판결을 받은 사람을 구금하는 국가가 관계 법령에 근거하여 사면을 하거나 감형을 하려고 하는 경우에는, 국제법원에 그 사실을 통보하고 법원장이 판사와 협의하여 사법 이익과 법의 일반원칙에 근거하여 그 문제를 결정하도록 하고 있다(제28조).

억지효과와 처벌효과

이상 간단히 개관한 구유고국제형사법원 설립과정과 그 규정(規程)의 대강의 내용으로부터 다음과 같은 말을 할 수 있다. 우선 실제로 진행 중인 무력분쟁에서의 전쟁범죄인을 처벌하는 국제법원을 설립하는 것은 어느 정도 그 같은 전쟁범죄가 더 저질러지는 것을 억지하는 효과를 가질 수 있다고 생각된다. 국제연합헌장 제7장의 틀 안에서 법원 설치를 시도하는 의의는 바로 이 억지효과를 찾는 점에 있다. 또 이미 저지른 전쟁범죄 책임자를 방치하지 않고 처벌한다고 하는 처벌효과도 기대된다. 국제법원의 존재이유 자체가 이런 점에 있다. 나아가 법원 설치라는 방법으로 국제법(여기에서는 인도법)을 존중하도록 만든다고 하는 조직화된 국제사회의 의사가 표시되었다고도 할 수 있다. 국제연합은 현대의 조직적 국제사회의 기관이라고 할 수도 있기 때문이다.

그와 동시에 구유고국제형사법원 설치 문제는 국제형사법원이 어떤 모습이어야 하는지의 문제를 다시 한 번 제기하는 일이 되었다. 그것은 국제연합 기관으로서 특히 국제 평화와 안전을 위한 이른바 제재조치의 일환으로 자리매김할 것인가. 이 경우에는 국제연합이라는 조직을 기초로 하고 있기 때문에 실효적일 수는 있지만 사법기관으로서의 성격에 문제가 생기지는 않는가라고 하는 문제가 제기된다. 반대로 이러한 법원은 다자조약에 의하여 여러 국가의 동의를 얻어서 설치하여야 하며, 정치기관인 국제연합과는 일정한 거리를 두어야 비로소 진정한 사법기관으로 기능할 수 있다고도 생각된다. 더 나아가 전쟁범죄가 국제법상의 범죄로 바뀌어 온 오늘날 전쟁범죄인을 소추하고 처벌하는 공평한 사법기관을 개개 분쟁과는 별개로 상설화하는 시기에 접어들고 있다고도 할 수 있을 것이다. 최근 국제연합 국제법위원회가 하고 있는 작업은 이러한 문제 제기에 답하려는 것이다.

5. 국제형사재판소규정 초안

실무그룹의
기본제안

구유고국제형사법원 설립 움직임을 계기로 1992년에 국제법위원회 내에 설치된 국제형사관할권에 관한 실무그룹은 다음과 같은 기본제안에 합의하였다.

(1) 국제형사재판소는 당사국이 동의하는 조약 형식으로 규정(規程)에 의하여 설립되어야 함
(2) 재판소는 적어도 그 활동 초기 단계에서는 국가와 구별된 개인에 대해서만 관할권을 행사하여야 함
(3) 재판소 관할권은 유효한 특정 국제조약에 정의된 국제적 성질의 범죄에 한정되어야 함
(4) 재판소는 그 규정(規程) 당사국(및 특정 조건에서 다른 국가들)을 위한 편익을 도모하며, 적어도 그 활동 초기에는 재판소가 강제관할권을 가져서는 안 되고 그 관할권은 규정 당사국의 동의를 기초로 하여야 함
(5) 적어도 그 활동 초기 단계에서는 재판소가 상설의 풀타임 기관이 아니라 요구가 있을 때 신속하게 이용할 수 있는 방식으로 조약에 의하여 설립됨

이 기본 제안에 따르는 형태로 다음 해인 1993년 실무그룹은 국제형사재판소규정 초안을 작성하였으며, 그에 대하여 여러 정부가 보내온 코멘트를 바탕으로 1994년에 모두 60개 조문과 부속서로 이루어진 규정(規程) 최종 초안을 각 조문에 주석을 붙여 국제연합 총회에 제출하였다. 여기에서 설치가 예정된 국제형사재판소는 이 규정 초안 전문(前文)이 말하는 것처럼 중대한 범죄에 대해서만 관할권을 행사하고 또 각국의 국내 형사재판제도를 '보완'하는 것으로 자리매김되어 있다.

이 초안은 재판소의 설립(제1부), 재판소의 구성과 행정(제2부), 재판소의 관할권(제3부), 수사와 소추(제4부), 재판(제5부), 상소와 재심(제6부), 국제협력과 사법공조(제7부), 집행(제8부)의 여덟 개 부로 이루어지며, 이 문제에 관한 장래의 국제조약과 결부되어 국제형사재판소규정이 되도록 예정된 것이다.

이하, 이 규정 초안(이하 조문은 이 규정 최종 초안에 의함)에 나와 있는 국제형사재판소의 특징과 문제점 중의 몇 가지를 논의하고자 한다.

재판소와 국제연합의 연결

첫째, 이 국제형사재판소의 설립 방법에 관련되는 문제로 재판소와 국제연합의 관계를 어떻게 할 것인가가 중요하다. 실무그룹 작업에서는 이 점에 관하여 여러 가지 의견이 나왔다. 한편으로는 재판소를 조약이 아니라 안보리나 총회 결의로 국제연합 보조기관으로 해야 한다는 의견이나, 국제연합헌장을 개정하여 국제연합 기관으로 설치해야 한다는 의견도 있었다. 다른 한편으로는 국제연합헌장 개정은 현 단계에서는 비현실적이고 바람직하지도 않다고 하면서 국제연합과의 별개 형태의 관련, 예컨대 국제연합과 국제원자력기구(IAEA) 사이에 체결된 협정과 같은 관련을 옹호하는 의견도 있었다. 그러나 실무그룹은 국제연합 기관 결의에 의한 재판소 설립은 극히 곤란하다고 판단하였다. 국가에 법적 의무를 부과하기 위해서는 조약으로 설립하는 것이 불가결하다. 이 점이 설립되어야 할 형사재판소가 가져야 할 모습을 기본적으로 규정한다고 생각된다. 그 결과, 재판소와 국제연합 사이에 적절한 관계를 확립하는 협정을 체결하는 방법이 생각되었다(제2조). 위와 같은 의견 차이에도 불구하고 재판소는 국제연합과 밀접한 관계를 가짐으로써 비로소 효과적으로 운용될 수 있다는 점에 관해서는 모든 의견이 일치했다.

이처럼 구유고국제형사법원과 같은 국제연합 기관이 되는 것이 아니라, 독립된 기관이기는 하지만 국제연합과 연결을 가진다고 하는 상당히 미묘한 입장이 여기에 제시되어 있다. 아직 연결 방식은 구체화되어 있지 않지만, 만약 국제연합이 앞으로 국제사회 전체의 법익 보호를 지향하는 국제체제로 전개되어 갈 수 있다고 한다면 국제형사재판소가 이 체제의 일익을 담당할 수 있는 형태로 연결 방식을 생각해야 할 것이다.

재판소의
구성

재판소(위치는 미정. 제3조)는 이 규정에 따라 당사국에게 개방된 기관이며, 회부된 사건을 심리하도록 요구받은 때에 개정한다(제4조). 이것은 유연성과 비용 절감이라는 목표를 반영한 것이다.

재판소 구성을 보면, 우선 재판소 기관으로서 재판소는 (a)재판소 소장(제8조), (b)상소재판부, 재판부 및 그 밖의 부(제9조), (c)소추부(제12조), (d)사무국(제13조)으로 구성된다. 재판관은 18명으로 규정 당사국의 절대다수결에 의하여 비밀투표로 선출된다. 두 명의 재판관이 동일 국가의 국적을 가질 수 없다. 임기는 9년이며 재선은 인정되지 않는다(제6조). 소추관과 소추관 대리는 당사국의 절대다수결에 의하여 비밀투표로 선출되는데, 다른 국적을 가진 사람이어야 한다(제12조). 사무국장과 사무국장 대리는 재판관의 절대다수결에 의하여 비밀투표로 선출된다(제13조). 이러한 재판소 조직은 구유고국제형사법원의 경우와 비슷한데, 상소재판부가 존재한다는 점을 주목하고 싶다. 또 재판관 수에 관해서는 어느 정도로 사건이 회부될지를 모르기 때문에 확정하지 않고 더 유연하게 남겨 두어야 한다는 견해도 있다.

재판소의
물적 관할권

관할권 문제는 규정 중에서도 가장 중요하기 때문에 실무 그룹에서도 가장 다투어진 문제의 하나이다. 특히 물적 관할권에 관하여 규정 최종 초안은 그 부속서에 열거된 일정 수의 다자조약에 규정된 일정한 범죄에 대한 재판소의 관할권에 추가하여 일정수의 일반국제법상의 범죄를 특별히 명기하였다. 이 점을 약간 자세히 살펴보고자 한다.

> 재판소는 이 규정에 따라 다음 범죄에 대하여 관할권을 가진다.
> (a) 집단살해죄
> (b) 침략의 죄
> (c) 무력분쟁에 적용되는 법규관례의 중대한 위반
> (d) 인도에 반한 죄
> (e) 부속서에 열거된 조약 규정상의 또는 그들에 따라 확립된 범죄. 이들 범죄는 주장되는 행동을 고려하여, 국제적 관심이 있는 예외적으로 중대한 범죄를 구성하는 것이다(제20조).

주석서에 따르면 제20조는 재판소가 규정상 관할권을 가지는 범죄를 망라하여 열거한 것이며, 그것들은 일반국제법상의 범죄 (a)~(d)와 일정한 조약상의 범죄(e)의 두 범주로 되어 있다. 이 두 범주는 상호 배타적인 것은 아니며 오히려 상당히 서로 겹치기도 한다. 관할권의 존재와 행사 조건은 동일하다. 단 예외로 제노사이드만은 오로지 (a)에 의하여 커버되며 규정상 자신의 관할권 레짐, 즉 제노사이드협약 레짐에 따르는 것이다.

제20조는 국제법상 범죄의 일반적인 범주는 언급하지 않고, 그 범주에 들어가는 특정 범죄로서 네 가지, 즉 '제노사이드', '침략', '무력분쟁에 적용되는 전쟁의 법규관례의 중대한 위반', '인도에 반한 죄'만을 들고 있다. 이들 중 세 가지는 구유고국제형사법원규정으로부터 시사된 것이지만 침략의 죄는 다르다.

또 규정 초안은 새로운 범죄를 정의하거나 일반국제법상의 범죄를 법전화하는 것은 아니라고 하여 (a)~(d)의 네 범죄는 그 이상으로 상세하게 언급하지는 않았다.

마지막으로, 규정 부속서에 열거된 여러 조약이 정의하는 '국제적 관심이 있는 예외적으로 중대한 범죄'로는 아홉 가지가 규정되었다. 이 부속서에 들어가기 위한 기준은 (a)'죄형법정주의'의 보장에 따라 그 범죄에 관한 법으로서 조약을 적용할 수 있을 것, (b)그 조약이 '인도 또는 소추' 원칙에 근거하여 보편적 관할권 제도를 만들어 내고 있는가, 국제형사재판소가 범죄를 심리할 가능성을 인정하고 있는가, 그 둘 모두인가에 따라, 국제 관심의 원칙을 분명히 인정하고 있을 것 등이다.

이들 아홉 가지 범죄 중 필두로 꼽혔던 '제네바 4개 협약과 제1추가의정서의 중대한 위반행위' 등을 제외하고 나머지는 하이재킹, 테러 등의 범죄, 마약불법거래라고 하는 이른바 평시 범죄이며, 이른바 전쟁범죄에 속하는 것은 아니다. 그 때문인지 구유고국제형사법원규정에 규정되어 있었던 것과 같은, 피고인의 공적 지위에 따라 형사상 책임은 면제되지 않는다는 규정이나, 논란이 많은 이른바 상관책임이나 상관명령의 항변에 관한 규정이 여기서는 보이지 않는다. 이것은 전쟁범죄인 소추의 경우에는 문제를 남기는 것으로 생각된다.

재판소 관할권

수락

규정 당사국은 수탁자나 사무국장에게 기탁한 선언을 통하여 규정에 구속된다는 동의를 표시할 때 앞에서 말한 제20조에 언급된 범죄로 그런 선언에 특정된 것에 관하여 재판소 관할권을 수락한다(제22조 제1~3항). 일정한 범죄에 대한 관할권은 단순히 규정 당사국이 됨으로써 재판소에 자동으로 부여되는 것은 아니며, 당사국이 될 때 또는 그 뒤에 이루어진 특별한 선언에 의하여 주어진다고 하는 옵팅 인(opting in)의 접근방법에 따른 것이다. 또 규정 당사국이 아닌 국가도 사무국장에게 기탁하는 선언을 통해 그런 범죄에 관하여 재판소가 관할권을 행사하는 데 동의할 수 있다(제22조 제4항).

또 제20조 (e)에 규정된 범죄(부속서에 열거한 조약규정이 규정하는 범죄)에 관하여 구류국이 당해 조약 체약국인 규정당사국이지만 그 범죄에 관한 재판소 관할권을 수락하고 있지 않은 경우, 소추를 위하여 피의자를 청구국에 인도하거나 아니면 소추를 위하여 그 사람을 권한 있는 당국에 회부하여야 한다(제54

조). 즉 '인도 또는 소추' 의무가 부과된다.

안보리에 의한 회부

그 밖에 "재판소는 국제연합헌장 제7장하에서 안보리가 재판소에 문제를 회부한 결과로서 (상기) 제20조에 언급된 범죄에 관하여 이 규정에 따라 관할권을 가진다."(제23조 제1항) 이는 안보리가 예를 들어 제7장하에서 구 유고의 경우와 같이 임시법원을 설치할 권한을 갖는다면, 국가에 의한 관할권 수락이나 고소 회부 등과 같은 요구를 생략하고 재판소 관할권에 의지할 수 있다는 것을 인정하는 것이다. 실무그룹은 안보리가 임시법원을 설립하는 대신, 그리고 인류 양심을 모욕하는 범죄에 대한 대응으로서, 재판소를 이용하기 위하여 이러한 규정이 필요하다고 생각한 것이다.

안보리는 통상적으로 개인에 대한 신청이라는 의미로 '사건case'을 재판소에 회부하는 것이 아니라 '문제matter' 즉 헌장 제7장이 적용되는 사태situation를 재판소에 회부하게 될 것이라고 생각된다. 이 문제와 관련하여 어떠한 개인이 제20조가 말하는 범죄의 죄책으로 고소되는지를 결정하는 것은 소추관의 임무이다.

또 "안전보장이사회가 신청 대상이 되는 침략행위를 국가가 행하였다는 것을 먼저 결정하지 않는 한, 이 규정하에서 침략행위 신청 또는 그것과 직접 관련된 신청은 이루어질 수 없는" 것이다(제23조 제1항). 이는 침략의 죄를 이유로 한 개인 형사책임은 국가의 침략행위를 전제로 한다는 점을 나타내고 있다. 그 결과, 예컨대 개인이 침략 계획이나 침략 개시에 관여하는 형태로 국가를 위하여 행동하였다는 것을 이유로 고소되는지의 여부는 재판소가 결정한다.

아무튼 이들 규정에서는 재판소에서 침략의 죄라는 죄책으로 개인의 형사책임을 추궁하려면 정치기관인 안보리의 인증행위가 전제되어 있기 때문에, 사법에 대한 정치 개입이라든가, 거부권 통하여 그러한 행위의 인정을 거부할 수 있는 상임이사국의 개인(지도자)에 의한 침략의 죄는 소추될 가능성이 없어진다는 등의 비판도 이루어지고 있다. 안보리와의 관계는 이 형사재판소의 성격을 점치는 키워드가 될 것이다.

적용법과
죄형법정주의

마지막으로 재판소는 이 규정, 적용할 수 있는 조약 및 일반국제법의 원칙과 규칙, 그리고 그들과 양립하는 범위에서 국내법 규칙을 적용한다(제33조). 이는 죄형법정주의 원칙(제39조)로부터도 요구된다. 국제법은 실체형법을 완전하게 포함하고 있을 수 없기 때문에, 국내법을 언급하는 것은 불가결할 것이다. 그리고 국내법과 국제법이 저촉하는 경우 죄형법정주의 원칙을 포함한 국제법이 우위에 있게 된다.

이상 살펴본 국제형사재판소규정 최종 초안은 앞으로 국제연합총회 임시위원회에서 재검토되며 내용도 대폭적으로 바뀔 가능성이 있다. 그러나 어떤 의미에서는 현대 국제사회를 체현하고 있는 것으로도 보이는 국제연합이 국제형사재판소 설치 문제를 진지하게 검토하기 시작한 것은 수십 년 전에 이 문제를 처음으로 제기받은 국제연맹이 이른바 문전박대했던 것과 비교할 때 격세지감이 있다. 이는 현대의 여러 무력분쟁의 성격과 특징을 볼 때 국제범죄로서의 전쟁범죄에 대하여 국제적인 상설 처벌체제를 확립하는 것이 필요하다는 점이 드디어 인식되기 시작했다는 것을 나타내고 있다.

VII

마지막 장

—남겨진 과제

전쟁피해 배상

지금까지 설명해 온 것처럼 전쟁범죄 문제는 역사적으로는 개인의 형사책임을 추궁한다는 방향으로 전개되어 왔다. 그리고 제1차 세계대전 이후 전쟁범죄의 성격을 되묻는 가운데, 전후에 국제사회가 전쟁범죄인을 처벌해야 한다는 생각이 나타났다. 단, 현실적으로는 제2차 세계대전 후 뉘른베르크 재판도 도쿄 재판도 법원이 전승국 판사로만 구성되고, 패전국의 전쟁범죄인에 대해서만 관할권을 가지는 것으로 되었다. 그 때문에 설령 추축국 측의 전쟁범죄행위 중 많은 것들이 중대하고 극단적으로 잔혹한 것이었다고 하더라도, 그리고 죄형법정주의 문제가 해소되었다고 하더라도, 대전 중에 범하여진 모든 교전국의 주요 전쟁범죄를 국제법정에서 재판한다고 하는, 전쟁범죄 처벌이 지녀야 할 모습으로부터는 상당히 벗어난 것이었다는 인상은 지울 수 없다. 예컨대 수만 명의 일반 주민을 희생시킨 드레스덴(Dresden) 공습과 히로시마 · 나가사키 원폭투하 등의 행위가 국제재판에서 법적 판단을 받고 있었다면 전쟁범죄를 심판하는 국제재판으로서의 권위는 한층 커져 있었을 것이다.

그럼에도 불구하고 전후 세계에서 전쟁범죄 개념은 그 범위에서도 그 내용에서도 한층 더 널리 전개되었으며, 과거의 반성에 입각한 처벌제도를 만들어 내려는 노력도 축적되어 왔다. 현대 국제사회는 극히 불완전한 형태이기는 하지만 전쟁범죄인 개인을 국제법원에서 소추하고 처벌하는 방식을 더 나은 것으로 선택하는 지점, 국내재판에 대한 보완으로서 선택하는 지점에 접어들고 있다.

그러나 설령 국제법원에서 처벌하는 방식이 완성된다고 하더라도 이러한 개인 처벌로 전쟁범죄를 둘러싼 문제가 모두 처리될 수는 없다. 남겨진 문제가 있다. 그것은 전쟁범죄 결과로 입은 피해에 대한 법적 배상 문제이다.

전쟁 중의 적대행위 결과로 많은 인적, 물적 피해가 발생하는 것은 말할 것도 없다. 합법적 행위로 인한 피해는 일반적으로 피해를 입은 사람이나 국가가 '수인(受忍)하여야 하는 것'이며 보통 해를 가한 사람(전투원)이나 국가의 법적 책임은 추궁되지 않는다. 전쟁행위가 주민 거주 지역에서 멀리 떨어진 전장에서 행하여지던 시대에는 전투 피해가 주로 전투원(병사)과 군사목표에 한정되어 있었다. 전투원을 전투행위로써 가해하는 것은 보통 위법한 것으로 간주되지 않았다. 그러나 현대의 전쟁에는 도시와 촌락도 휩쓸리게 되며, 대량파괴무기와 미사일 출현 등으로 일반 주민과 민간용 물자(비군사물)를 포함하여 광범위하게 피해가 미치는 것이 보통이다. 전쟁위법화가 진행되는 가운데 침략국 측은 침략의 낙인이 찍히는 것을 피하려고 그 어느 때보다 전쟁에 이르지 않는 무력행사 속에서 숨겨진 행동을 하기 십상이며, 목적 수행을 위하여 수단을 가리지 않는 일도 적지 않다. 제2차 세계대전 이래 현대 무력분쟁에서 특히 일반 주민과 민간인 피해, 전장에서 떨어진 도시와 마을 피해가 급격히 커져 온 것은 이미 살펴본 바와 같다. 이러한 피해도 전쟁이라고 체념하여 '수인'할 수밖에 없는 것일까. 위법한 전쟁을 시작한 것에 대한 책임 외에도 전쟁법 내지 인도법상의 위법행위에 근거하여 발생한 피해는 가해 측에 어떠한 배상책임이 있을 수밖에 없다.

국가의 손해배상책임

이 문제가 개인 형사책임 추궁에 의하여 해결되는 것은 아니다. 물론 전쟁범죄인인 가해자 개인의 배상책임도 반드시 부정되어 있는 것은 아니다. 전술한 구유고국제형사법원규정 제24조 제3항 등은 이러한 책임을 예측하도록 한다. 그러나 이는 주로 전쟁범죄인의 배후에 있는 국가(또는 이에 준하는 것)의 책임 문제로 생각하여야 한다. 이것은 예전부터 1907년 헤이그 육전협약 제3조에도 명기되어 있다. 요컨대 자국 전투원의 위법행위로 인하여 손해가 발생하면 교전국이 배상책임을 진다는 것이다. 이 배상책임원칙은 현대에도 인정된다(1977년 제1추가의정서 제91조). 단, 이러한 규정은 위법행위에 의한 손해에 대한 배상책임에 한정되며 그 이상의 것은 아니다.

평화조약에 의한 처리

그런데 실제로는 이러한 손해배상은 보통 '전후' 내지는 '적대행위의 전반적 종료 후'의 평화조약에서 패전국에게만 인정되며, 배상액 산정도 전승국과 국민이 입은 모든 손해에 대한 포괄적인 형태로 일괄 처리되는 경우가 많다.

예를 들어, 대일평화조약에는 "일본은 전쟁 중에 발생시킨 손해와 고통에 대하여 연합국에 배상을 지불해야 한다는 것이 승인된다"고 되어 있다. 한편, 전승국의 위법행위에 근거한 손해에 대한 패전국의 배상청구권은 평화조약 속에서 포기되는 것이 보통이다. 때문에 전승국을 포함한 모든 분쟁당사국이 배상의무에 복종하여야 한다고 하는 배상책임원칙은 실제로는 거의 관철되지 않는다. 더욱이 제2차 세계대전 후의 많은 무력분쟁에서 군사적 승패가 반드시 명확하지는 않으며, 민족해방전쟁의 경우에는 식민지·종속지역 인민의 독립 달성이 인민 측으로서는 승리였다고 할 수 있다. 이러한 분쟁을 종결하는 문서에서는 이른바 배상규정은 두지 않으며 위법행위로 인한 손해배상으로서가 아니라 오히려 독립을 위한 협력과 원조 명목으로 일정한 원조가 규정되는 것에 그친다.

이와 같은 전후 평화조약과 그에 상당하는 것에 의한 배상청구규정에서 더욱 문제라고 생각되는 것은, 배상은 모두 **국가**에 대하여 이루어져야 하는 것으로 되어 있는 점이다. 전쟁 중 실제로 손해를 입은 피해자인 개인은 직접적인 대상이 되어 있지 않다. 전승국이 받은 배상을 피해자 개인에게 분배할지의 여부는 국가 정책에 따른 국내문제로 간주되어 왔다. 단, 예컨대 제1차 세계대전 후 여러 평화조약 등에서는 연합국 국민이 혼합중재재판소에 전시예외조치 등에 관한 소송에서 패전국을 상대로 소송을 하는 것이 인정되어 있었다. 그러나 이것은 특히 조약상 인정된, 말하자면 예외적인 조치에 불과하였다. 반대로, 평화조약 중에는 국가가 개인 청구권을 포기한다는 규정까지도 보인다. 대일평화조약에서도 조약 규정이 인정하는 것을 제외하고 연합국은 연합국 국민의 다른 청구권을 포기한다고 규정하고 있다(제14조). 전쟁피해에 관계되는 개인 청구권까지도 국가가 수중에 넣어서 처리하였던 것이다. 따라서, 그런 처리가 이루어진 이후에는 개인이 그 청구권을 처리한 국가, 다시 말해 포기한 국가로 하여금 개인의 청구권을 이행하도록 만드는 것밖에 방법이 없게 될 것이다.

개인배상의 어려움

개인의 전쟁손해배상을 이처럼 처리하게 되면 실제로 개인이 적절한 배상을 받을 수 없는 일이 많다. 그러나 그것은 국내문제로서 국제사회에서는 다루어지지 않게 된다. 이는 어떤 의미에서는 국가 간 사회로서의 국제사회에서의 구조에 입각하여, 국가 간의 위법한 적대행위로부터 발생한 손해를 배상할 책임으로 배상책임원칙을 규정하고 있는 것이다. 또 국가 간의 평화조약으로 문제를 처리하는 이상 국가의 권리 의무로 규정되는 것은 당연하다고도 생각된다. 법적으로 이러한 구조에 균열을 일으키는 것은 쉽지 않다. 여기서 이 어려운 문제를 본격적으로 검토할 여유는 없다. 최근 일본에서도 '전후보상' 문제가 제기되어 제2차 세계대전의 희생자 개인이 법원에 제소하여 '보상'을 요구하는 움직임이 활발해지고 있다. 이런 움직임은 전후에 개인이 전쟁법 위반행위로 입은 손해에 대한 보상을 받을 수 없었다는 현실을 배경으로 하고 있다. 오늘날 이 문제는 평화조약에서 처리가 끝났으며 남은 문제는 평화조약을 체결한 국가의 국내문제라는 말로 개인의 배상 요구를 뿌리치는 것은 종래의 국제사회의 법적 구조에 무비판적으로 의존하여 그런 법적 구조 탓으로 모든 책임을 돌리는 것으로서, 현실을 무시하는 일이 되지는 않을 것인가?

이 문제를 해결하기 위한 하나의 방법으로는 다음과 같은 것을 생각할 수 있다. 즉 이미 국제법상으로도 인정받고 있는 전시배상책임원칙을 적용하는 문제를 평화조약과 같이 정치적 요소를 포함하는 조치로 끝내는 것이 아니라, 당해 무력분쟁의 모든 위법행위로부터 발생한 배상책임을 객관적인 기관(어떠한 국제위원회 내지 국제재판)에서 다루는 속에서 실현해 가는 것이다. 최근의 걸프전쟁 후의 배상위원회 설치나 구유고국제형사법원 설치를 둘러싼 안보리의 의향(결의 제827(1993)호) 등은 문제가 있기는 하지만 조금이나마 그런 방향성을 보여주는 것들이다.

그러나 모든 무력분쟁의 경우에 그에 적합한 국제기관을 설치하거나 상설 기관을 미리 만들어 두는 것은 쉽지 않다.

또 하나의 방법은, 전술한 바와 같이 국가 간 국제사회를 반영한 국제법의 구조에 균열을 일으키는 이론적 노력을 하는 것이다. 즉, 피해자 개인이 가해국에게 (평화조약으로 개인청구권을 처리한 뒤에도) 위법한 전쟁행위에 의한 피해에 대한 보상을 요구하는 국제적 권리를 어떻게 하여 인정할 수 있는가 하는 문제이다. 그러나 이 문제를 법적으로 해결하는 것은 쉽지 않다.

마지막으로, 이 문제를 해결하는 것의 어려움에 맞서려고 하는 사례로서 최근 미국 컬럼비아 지구 순회재판구 항소법원에서 제2차 세계대전 중 독일의 위반행위로 피해를 입은 개인의 배상 청구가 제기된 사건을 소개하고자 한다.

프린츠 사건과 미국 항소법원 판결

이 사건 개요는 다음과 같다. 유태계 미국인인 휴고 프린츠(Hugo Princz)는 현재의 슬로바키아에서 부모, 누나, 두 명의 형제와 살고 있었는데 1941년 미국의 대독선전과 함께 가족 전원이 적성외국인으로서 슬로바키아 경찰에 체포되어 나치 친위대(SS)에 인도되었다. 그들은 유태인이었기 때문에 적십자의 중개에 의한 민간인 재소자 교환으로 미국에 인도되지 못하고 대신 나치 친위대에 의하여 강제수용소로 보내졌다. 프린츠의 부모와 누나는 트레블링카(Treblinka)에서 처형되었으며 두 형제는 아우슈비츠, 비르케나우(Birkenau)로 보내졌다. 두 사람은 거기서 I · G 파르벤(Farben) 화학공장에서 강제노동을 하게 되었지만 작업 중에 부상을 당하여 비르케나우의 '병원'에서 아사하였다. 남겨진 프린츠는 다하우(Dachau)로 보내졌으며 그곳의 메세르슈미트(Messerschmitt) 공장(항공기제작소)에서 강제노동을 하게 되었다. 전쟁이 끝날 때 강제수용소 재소자들과 함께 수송차량에 타고 있던 그를 미군이 구출하였고 치료를 위하여 미군병원에 보냈다. 전후 독일 정부는 홀로코스트 생존자에 대한 보상 계획을 시작했다. 그러나 프린츠가 '수용'되었던 시기에 그는 독일 시민이 아니었으며 전후의 (난민협약의 의미에서의) '난민'에도 해당되지 않는다는 이유로, 1955년에 그의 보상 요구는 거절되었다.

프린츠는 불법구금, 폭행구타 및 정신적 고통을 부주의하고도 의도적으로 가한 것, 그리고 I · G 파르벤과 메세르슈미트 공장에서 노동 제공을 한 근로 상당액 청구를 위하여 1992년에 독일을 상대로 미국 법원에 소송을 제기하였다. 독일은 주권면제에 따라 법원이 물적 관할권을 결여한다는 등의 이유로 청구 각하를 요구하였다. 그러나 컬럼비아지구 법원은 그 청구가 "단지 유태인이라고 하는 것만으로, 미국 시민에 대하여 인도성을 냉담하게 무시하였던 한때의 법외 국가에 의하여 저질러진 다툴 수 없는 야만주의"에 관한 경우, 미국 외국주권면제법은 적용되지 않는다는 이유로, 이 사건의 관할권을 가진다고 판시하였다.

이 사건은 항소법원에 항소되었는데 거기서 가장 다투어진 문제는 법정조언자(Amicus Curiae)로 반명예훼손연맹, 국제유태법률가협회 및 아메리칸 대학 워싱턴 칼리지 오브 로(American University Washington College of Law) 교수들이 한 주장이 유효한지의 여부였다. 이들 법정조언자들은, 나치는 국제법의 강행규범(jus cogens, 그에 저촉되는 다른 규정을 무효로 간주할 수 있는 상위규범)을 깸으로써 주권면제법상의 독일의 주권면제를 묵시적으로 포기한 것이 된다고 주장하였다. 그들은 특히 "문명세계의 이러한 기본적인 요구를 위반하는 외국은 그에 의하여 주권자로서 대우받을 권리를 포기하는 것이다"라고까지 말하였다.

그러나 항소법원의 다수의견은 유스 코겐스(강행규범) 위반이라고 하는 사실도 주권면제법상 관할권을 부여하는 것은 아니라고 한 선례를 원용하여 법정조언자의 주장을 물리쳤다.

이러한 다수의견에 대하여 한 판사[발트(Wald)]는 다음과 같이 반대의견을 말하였다.

> 제노사이드와 노예화 두 가지는 국제사회에서 비난받고 있기 때문에 이 두 가지를 금지하는 규범은 관습국제법으로 받아들여지고 있으며, 특히 유스 코겐스가 되어 있다. 독일은 I · G 파르벤과 메세르슈미트에서 프린츠를 강제로 노동시켰으며 또 아우슈비츠와 다하우의 강제수용소에서 그에게 비인도적인 신체적 및 정신적 학대를 가함으로써 유스 코겐스를 명백히 위반

하였다. 뉘른베르크조례의 '인도에 반한 죄'의 정의는 오늘날 유스 코겐스로 불리는 것을 포함하며, 그 범죄행위가 어디에서 또 누구에게 행하여졌는가를 불문하고 유스 코겐스 규범을 위반하는 행위이기 때문에 미국에서의 재판권의 어떠한 면제도 독일로부터 빼앗는 것이 된다.

요컨대 프린츠 사건은 미국 법원에 독일을 피고로 제소한 것이었기 때문에 '대등한 자는 상호 지배권을 갖지 않는다"는 원리에 의하여, 독일에 대하여 미국이 재판관할권을 가지지 않는다고 하는 주권면제 문제가 논의의 중심이 되었다. 즉, 미국 법원에 제소하는 것 자체가 문제가 되어 프린츠의 제소는 결과적으로는 문전박대 당하였다. 단, 법원의 심리 중에, 제2차 세계대전 중 독일 지배하에서 프린츠가 받은 학대와 강제 노동이 제노사이드 내지 인도에 반한 죄로서 유스 코겐스 위반행위라고 하고, 그러한 행위를 한 것은 재판권 면제를 포기한 것으로 간주된다는 법적 논의를 전개한 것이 주목된다. 이러한 논의는 단순히 관할권 유무에 관계되는 것에 그치지 않고, 독일에 대한 프린츠 개인의 배상청구권을 인정하게 만드는 근거의 하나가 될 수 있을 것인가? 이 판결의 다수의견과 소수의견을 어떻게 평가하고, 이 문제의 법적 해결을 어떻게 찾아내어야 하는가는 독자 여러분에게 맡기는 것으로 하고 이 책을 마치고자 한다. 문제는 그대로 남아 있다.

후기

몇 년 전 이와나미쇼텐(岩波書店) 편집부의 이노우에 가즈오(井上一夫) 씨로부터 의뢰를 받은 것이 이 책을 집필하는 계기가 되었다. 그때 확실히 이노우에 씨는 세간에서 화제가 되어 있던 '전후보상' 문제를 전쟁법 내지는 국제인도법으로부터 다루어 주었으면 한다고 말씀하신 것으로 기억하고 있다. 나는 전후보상에 관하여 지금 쓸 자신감은 없지만 예전부터 조금 공부하고 있는 국제인도법의 전개라고 하면 어떻게 될지도 모르겠다고 대답했던 것 같은 생각이 난다.

여러 가지로 검토한 끝에 결국 '전쟁범죄란 무엇인가'라는 제목으로 맡게 되었다. 맡기는 했지만 그 뒤 여러 이유로 집필은 전혀 진척되지 않았고 겨우 작년이 되어서야 단편적으로 집필을 시작할 수 있게 되었다. 그렇다고 하더라도 전쟁범죄는 사람의 생명과 관계된 극히 심각한 문제이고, 최근에 비로소 논의되기 시작한 새로운 문제가 아니라 그 뿌리가 상당히 거슬러 올라가는 역사를 가지고 있다. 따라서 각 시대의 국제사회 속에서 전쟁범죄가 전개되는 것을 검토하는 작업이 필요하다. 그래서 약간의 자료 등을 읽기 시작해 보니 지금까지도 연구가 축적되고 있는 도쿄 재판보다 더 이전, 제1차 세계대전 후의 베르사유조약에서의 새로운 전쟁범죄의 모색이 역사적으로 보아도 하나의 전기이므로 그것을 검토하는 것이 중요하지 않을까 하고 생각하게 되었다. 나아가 전쟁범죄를 처벌하는 실천은 그 희생자 측으로부터의 집요한 주장이 동력이 되어, 때때로의 국제정치 정세에 크게 좌우되기는 하지만, 그 이념은 시대를 관통하는 측면 내지는 발전적인 측면을 가지고 있는 것도 부인할 수 없다. 아무튼, 집필 과정에서 이 문제의 역사와 더불어 그 깊이의 심도, 복잡함에 압도되어 생각에 잠겨 버리는 일도 종종 있었다. 그 결과, 이노우에 씨의 '재촉'을 몇 번이나 받았을 뿐만 아니라, 조금씩 제출하기 시작하였던 미완성 원고의 내용에 관하여 많은 코멘트를 받아서 다시 고쳐 쓰면서 겨우 종점에 다다를 수가 있었다. 이 점에서도 이노우에 씨의 협력에 깊이 감사하며, 사례의 말씀을 드린다.

그런 까닭으로 이 책이 출판되는 해가 꼭 '전후 50년', '국제연합 50년'이 되고 말았다. 이는 내가 집필을 지연시켜서 일어난 우연이지만, 이 책에서 다룬 문제가 제2차 세계대전이나 국제연합의 활동과도 밀접한 관계를 가지는 것이기 때문에, 이 꺾어지는 해에 지난 반세기를 되돌아보면서, 생각하기 위한 '소재'를 제공하는 데 일조라도 된다면 저자로서는 망외의 기쁨이다.

1995년 2월

후지타 히사카즈

역자 해제

이 책은 일본의 저명한 국제법 학자로서 국제인도법 분야에서 많은 연구 업적을 남기고 2012년에 타계한 후지타 히사카즈 교수가 썼다. 문고본이라고 하는 책의 성격상 '전쟁범죄'라고 하는 다소 어려운 법적 문제를 대중이 이해하기 쉽게 해설한 것이라고 볼 수 있다. 그렇다 하더라도 전문적인 법적 문제를 알기 쉽도록 해설하는 것은 쉬운 일이 아니다. 그런 의미에서 독자의 이해에 조금이라도 도움이 될까 하여 해제를 붙인다.

책의 전체적인 구성은 전쟁범죄와 관련된 문제들을 시간의 흐름에 따라 역사적 사건과 상황의 맥락 속에서 설명하는 것으로 되어 있다. 그래서 전쟁범죄를 인정하는 전제가 되는 '전쟁법'의 성립 문제부터 다루고 있다. 국제사회에서 전쟁이 정당한 전쟁과 부당한 전쟁으로 구별되어 취급되고 있던 시대의 '정전론'을 소개하고 '정전론'이 이른바 '무차별전쟁관'에 의하여 대치된 사실을 간략히 설명하고 있다. 책의 내용을 되풀이하는 것이 되겠지만, 이 책에서 설명하는 '전쟁범죄'의 성립과 처벌에 관한 역사적 과정을 정리하면 다음과 같다.

프랑스 혁명과 미국 남북전쟁을 거치면서 포로가 보호받아야 한다는 사상이 등장하였고 포로 처우에 관한 규범이 만들어졌다. 특히 남북전쟁 이후에는 포로를 잘못 대우한 사람이 처벌됨으로써 전쟁법상 개인의 전쟁범죄 관념이 만들어지기 시작하였고 전쟁범죄를 처벌하는 선례가 만들어지기 시작하였다. 그러나 나폴레옹은 정복전쟁을 개시하고 프랑스 혁명 이후에 인정된 포로 보호 의무를 위반하였음에도 불구하고 그런 행위를 이유로 처벌되지는 않았다. 당시 유럽에서는 정복전쟁이나 침략전쟁을 개시한 사람을 처벌하거나 포로를 부당하게 대우한 사람을 처벌하는 일반적인 국제 규범은 없었기 때문이다.

개인의 전쟁범죄를 인정하고 처벌하는 것은 전쟁행위를 규제하는 것과 밀접하게 결부되어 있다. 전쟁행위를 규제하는 것은 전장에서 부상병을 보호하기 위한 적십자조약, 특정 무기의 사용을 규제하고 금지하는 이른바 헤이그법의 등장, 특히 1899년과 1907년에 체결된 '헤이그 육전협약'의 부속 규칙인 '헤이그 육전규칙'은 포로대우, 무기 규제, 전쟁 중의 각종 행동 규제에 관한 규정들을 포함하고 있어서 개인의 전쟁범죄를 인정하고 처벌하는 역사에서 중요한 의미를 지니고 있다. 다만 이들 조약에는 금지된 행위를 한 개인을 국제적으로 처벌하는 규정이 없다는 한계가 있었다. 당시 이들 조약 위반자들은 모두 교전국의 국내법에 따라 재판을 받고 처벌될 수밖에 없었다.

제1차 세계대전은 무기의 발달, 특히 독가스의 사용이나 항공기와 잠수함의 등장에 따라 피해가 막심하였다. 때문에 제1차 세계대전 이후에는 각국 국내법원에서 전쟁법을 위반한 개인의 책임이 광범위하게 추궁되었다. 특히 문제가 되었던 것은 독일 황제가 개인으로서 전쟁법 위반에 대하여 책임을 지는지의 여부였다. 베르사유 평화조약은 국제적인 특별법원에서 독일 황제를 재판하고 처벌하도록 규정하였지만 독일 황제가 체류하였던 네덜란드의 인도 거부로 재판이 진행될 수 없었다. 그러나 베르사유 평화조약은 전쟁법이 위반된 경우에는 최고 책임자로서의 국가 원수도 처벌되어야 한다는 사상을 담고 있다는 점에서 개인의 전쟁범죄 책임이 전개되는 과정에서 하나의 역사적인 전기가 되었다.

1919년의 국제연맹규약은 전쟁을 위법화하려는 국제사회의 흐름을 보여 주고 있다. 1928년에 부전조약이 체결됨으로써 전쟁은 위법화되었다. 전쟁이 위법하게 되면 위법한 전쟁, 침략전쟁을 시작한 국가와 그런 결정에 관여한 개인의 책임 문제가 발생하게 된다. 전통적인 전쟁범죄와 더불어 침략전쟁을 개시한 개인의 전쟁범죄 문제가 등장하게 된다. 이 문제는 제2차 세계대전 이후에 본격적으로 다루어지게 되었다. 제1차 세계대전 이후의 개인의 전쟁범죄 문제에서 주목되는 것은 전쟁범죄인을 처벌하기 위한 국제형사법원 설립이 구상되었다는 것이다. 물론 이런 구상은 당시에는 실현되지 못하였고 실현까지 매우 오랜 시간이 걸렸다.

제2차 세계대전의 피해는 제1차 세계대전보다 더 컸고 전쟁의 참혹상은 더 심각하였다. 총력전이나 섬멸전의 등장으로 전쟁 중 전투원과 비전투원의 구별이 어려워졌고 일반 주민의 피해는 급증하였다. 또 독일의 유태인 학살이나 일본군의 야만적인 잔혹 행위와 같이 대규모의 비인도적인 행위가 저질러졌다. 이러한 행위들을 처벌하기 위해서 제2차 세계대전 이후에는 뉘른베르크와 도쿄에 국제군사법원이 설치되었다. 국제법을 위반한 개인을 국제적인 절차에 의하여 처벌하는 일이 드디어 실현된 것이다.

뉘른베르크 국제군사법원과 도쿄 극동군사법원은 전통적인 전쟁범죄 외에 '평화에 대한 죄'와 '인도에 반한 죄'에 대한 개인 책임도 인정하고 추궁하였다. 책에서는 구체적인 소인을 하나하나 검토하면서 이 두 법원에서 있었던 재판의 내용을 자세하게 소개하고 있다. 침략전쟁 개시를 결정한 사람, 침략전쟁의 계획과 실행에 가담한 사람들은 모두 '평화에 대한 죄'의 죄책으로 처벌되었다. 전쟁 전이나 전쟁 중에 일반 주민을 살해하고, 절멸시키고, 노예화하고, 강제적으로 이주시키는 등의 비인도적인 행위를 하거나 정치적 · 인종적 · 종교적 이유로 박해한 행위는 국내법 위반 여부를 불문하고 모두 '인도에 반한 죄'로 처벌되었다. 또 다양한 유형의 행위가 전통적인 전쟁범죄로서 처벌되었다. '인도에 반한 죄'의 한 유형으로서 제노사이드 범죄도 거론되었다.

'평화에 대한 죄'와 '인도에 대한 죄'의 죄책으로 개인을 재판하고 처벌한 것은 이른바 '승자의 재판'으로 죄형법정주의에 반한다는 비판이 제기되었다. 그런 비판에도 불구하고 처벌은 실행되었으며, 국제사회는 1945년 이후의 국제연합 체제하에서 '인도에 대한 죄'라는 국제범죄 개념을 수용하였다. 집단살해(제노사이드)죄 방지와 처벌에 관한 협약이 체결되었고 제노사이드죄를 저지른 사람을 처벌하기 위한 국제형사재판소 설치가 예정되었다. 1968년에는 '전쟁범죄와 인도에 반한 죄에 대한 시효부적용협약'도 체결되었다. '평화에 대한 죄'는 '침략'을 어떻게 정의할 것인지의 문제 때문에 국제사회가 수용하는 데 어려움을 겪었다.

제2차 세계대전 이후에 체결된 1949년 네 개의 제네바협약과 1977년의 두 개의 추가의정서는 전쟁범죄를 제네바협약과 추가의정서의 '중대한 위반'에 해당하는 것과 그렇지 않은 것으로 구별하였다. 그런 구별의 의의는 다음 두 가지이다. 첫째, '중대한 위반'에 해당하는 전쟁범죄는 그런 행위를 실행하거나 그것을 명령한 사람을 처벌하는 유효한 형벌 규정을 체약국이 입법할 의무가 있다. 둘째, '중대한 위반'에 해당하는 전쟁범죄는 국내법원의 보편적 관할권에 복종한다. '중대한 위반'에는 '인도 또는 소추의 원칙(principle of aut dedere aut judicare)'이 적용되는 것이다.

책에서는 개인의 전쟁범죄 책임과 관련하여 상관명령의 항변이 인정되지 않는 경우와 그 근거도 설명하고 있다. 또 부하의 행위에 관하여 상관이 지는 위반행위 방지 의무도 비교적 자세하게 설명한다.

국제적으로 전쟁범죄에 대한 개인의 책임이 인정된다고 하더라도, 전쟁범죄의 방지와 정의의 실현을 위해서는 전쟁범죄인을 어떻게 실효적으로 처벌할 것인지가 중요한 문제이다. 전통적으로 전쟁범죄인은 국내법원의 재판을 통하여 처벌되었다. 전쟁범죄에 대한 보편적 관할권이 인정되고 '인도 또는 소추의 원칙'이 도입되었다고 하더라도 전쟁범죄인이 실제로 처벌되는 것은 각국의 처벌 의지에 달린 문제이며 제2차 세계대전 이후 실제 처벌 사례도 그렇게 많지는 않다. 이런 문제 때문에 국제적인 절차를 통하여 전쟁범죄인을 처벌하는 제도를 확립하는 것이 중요한 문제가 된다.

책에서는 제1차 세계대전 이후 독일 황제 처벌을 위하여 국제형사법원 설치가 권고된 사실, 법률실무가와 법학계에서 국제형사법원 설립을 위한 제안과 운동이 있었던 것, 민간 차원의 국제재판으로서 전쟁범죄자를 단죄하기 위한 러셀 재판이 개최되었던 것 등을 소개하고 있다. 이후 구유고국제형사법원의 설치 과정과 법적 근거, 법원의 조직과 구성, 관할권, 형벌 등을 비교적 자세하게 소개하고 있다. 이어서 상설적인 국제형사법원을 설치하기 위한 국제연합의 움직임을 소개하고 1994년에 국제연합 국제법위원회가 작성한 국제형사재판소규정 초안의 내용을 자세하게 검토하고 있다.

주지하다시피 1998년 7월 17일에 이탈리아 로마에서 '국제형사재판소에 관한 로마규정'이 체결되었고 2002년 7월 1일에 발효되었다. 한국은 2000년 3월 8일에 이 조약에 서명하였고 2002년 11월 13일에 비준서를 기탁하여 2003년 2월 1일에 규정이 한국에 대하여 발효하였다. 한국인으로 서울대 교수를 지냈던 송상현 재판관이 재판관으로 선출되었으며 재판소장도 역임하였다. 이 책은 1995년에 출판되었으므로 당연히 출판 이후에 설립된 국제형사재판소에 관한 설명을 담고 있지 않다. 그러나 국제형사재판소 설립에 관한 이론적, 실제적 문제는 잘 검토하고 있다.

이 책은 마지막 장에서 개인이 입은 전쟁피해를 배상받는 문제를 다루고 있다. 개인의 피해가 평화조약 등에서 일괄적으로 처리되는 관행을 소개하고, 개인이 국제적, 국내적으로 배상을 받는 데 따르는 법적 어려움을 설명한다. 국제사회에서 한국과 일본이 전쟁상태에 있었다는 것은 인정받지 못하였고, 그 결과 한국의 희망과는 달리 한국과 일본의 전후처리는 평화조약이 아니라 1965년에 기본조약과 청구권협정 등을 체결하는 것으로 마무리되었다. 그렇지만 저자가 마지막 장에서 설명하고 있는 문제가 이른바 일제강점에 의한 한국인 피해자들이 제기하고 있는 대일과거사소송 등과 밀접한 관련을 가진다는 것은 말할 것도 없다.

이 책은 출판된 지가 다소 오래되어 전쟁범죄에 관한 최근의 흐름과 동향을 구체적으로 검토, 소개하지 못한다는 점이 아쉽다. 그러나 전쟁범죄 관념의 전개를 역사적 흐름 속에서 잘 조망하고 있으며 적절한 사례들을 선정하여 균형 있게 소개하고 있다는 점에서 '전쟁범죄'에 관한 기본적인 이해를 얻는 데는 여전히 유용하고 가치 있는 책이다.

2017년 1월 12일

역자 박배근

전쟁범죄란 무엇인가

초판 1쇄 발행 2017년 4월 28일

지은이 후지타 히사카즈
옮긴이 박배근
펴낸이 강수걸
편집장 권경옥
편집 정선재 윤은미 문윤호
디자인 권문경
펴낸곳 산지니
등록 2005년 2월 7일 제333-3370000251002005000001호
주소 부산시 해운대구 수영강변대로 140 BCC 613호
전화 051-504-7070 | 팩스 051-507-7543
홈페이지 www.sanzinibook.com
전자우편 sanzini@sanzinibook.com
블로그 http://sanzinibook.tistory.com

ISBN 978-89-6545-412-0 03360

* 책값은 뒤표지에 있습니다.
* 한국출판문화산업진흥원의 출판콘텐츠 창작자금을 지원받아 제작되었습니다.
* 이 도서의 국립중앙도서관 출판예정도서목록(CIP)은 서지정보유통지원시스템 홈페이지(http://seoji.nl.go.kr)와 국가자료공동목록시스템(http://www.nl.go.kr/kolisnet)에서 이용하실 수 있습니다.(CIP제어번호: CIP2017009068)